T0348874

# Pérdidas de risa

# SÍLVIA ABRIL

## Pérdidas de risa

### Historias de una mujer imperfecta

HarperCollins

Cualquier forma de reproducción, distribución, comunicación pública o transformación de esta obra solo puede ser realizada con la autorización de sus titulares, salvo excepción prevista por la ley. Diríjase a CEDRO si necesita reproducir algún fragmento de esta obra. www.conlicencia.com - Tels.: 91 702 19 70 / 93 272 04 47

Editado por HarperCollins Ibérica, S. A.
Avenida de Burgos, 8B - Planta 18
28036 Madrid

Pérdidas de risa. Historias de una mujer imperfecta
© 2023, Sílvia Abril
© 2023, del prólogo «La culpa fue del zapatazo», Eva Merseguer
© 2023, para esta edición HarperCollins Ibérica, S. A.

Todos los derechos están reservados, incluidos los de reproducción total o parcial en cualquier formato o soporte.

Diseño de cubierta: CalderónStudio
Fotografía de cubierta: Carlos Villarejo
Maquetación: MT Color & Diseño, S. L.
Redacción y documentación: Eva Merseguer

ISBN: 978-84-9139-883-7
Depósito legal: M-29130-2023

*Este libro va para todas aquellas mujeres
con las que me he meado de la risa alguna vez:
mi madre,
mi hija, mis hermanas, Eva, Olga,
Esther, Toni y muchas más.
A mi tribu de imperfectas y adoradas.
Este libro es para vosotras.*

# ÍNDICE

# LA CULPA FUE DEL ZAPATAZO

Me tiró un zapato. Fue en el descanso de una grabación de *Homo Zapping,* un programa que parodiaba a los personajes televisivos más exitosos del momento. Yo trabajaba como guionista y fue así como me hice amiga de Sílvia. Ya sé que suena poco convencional, pero con ella todo es un poco, digamos, «especial».

Como este libro. Me sentí honrada de que compartiera conmigo el primer manuscrito y halagada después por que quisiera que yo le escribiera el prólogo. Menuda responsabilidad, un texto mío para abrir boca al lector. Imagínate que os provoco repelús y dejáis el libro después del prólogo. Os pido que no lo hagáis, por favor. Os echaríais unas cuantas risas de menos y en consecuencia tendríais que morir antes de lo previsto. No porque os vaya a matar ni nada de eso (de repente, no me gusta mucho el tono que está cogiendo este texto). Lo decía porque partirse la caja alarga la vida y, encima, os aseguro que vais a disfrutar de estos episodios de la vida de Sílvia. No tienen desperdicio.

Sílvia es más que un tesoro como amiga. Es una suerte, como a quien le toca la lotería. Tu vida es mejor si ella está cerca, porque todo lo vuelve fácil, divertido y memorable. Es una Aries empoderada que lo mismo te organiza un armario con el orden de los colores del arcoíris que te enreda con un viaje sorpresa a Los Ángeles —en el que acabas conociendo a Ellen DeGeneres (*true fact*)—, o te aparece en casa con una bolsa llena de comida cuando estás en la más absoluta mierda emocional. Tiene un sexto sentido que la profesionaliza como amiga. Podría empezar a cobrar por ello, se le da terriblemente bien.

Entenderéis entonces que para hacer tantas cosas necesita unas dosis de energía que no son humanas. Lo suyo supera la hiperactividad. Podríamos llamarlo MEGACTIVIDAD. Es tanta la energía que tiene que incluso resulta molesto para el resto, porque, sin quererlo, te deja en evidencia. No puedes sumarte a sus entrenos porque mueres. No puedes bailar con ella porque te ahogas. No puedes devorar la vida a bocados como ella, porque te atragantas. No lo intentéis, es imposible seguirle el ritmo. Lo de Duracell es una broma a su lado.

Sílvia es mujer diurna, eso sí. Por la noche pocas veces la encontraréis a tope, porque su jornada empieza temprano. Si dormís con ella, un consejo: cerrad las persianas a cal y canto porque en cuanto entre un mínimo haz de luz, lo detectará y se activará inmediatamente. Pasa de cero a cien más rápido que un Tesla.

Su energía sobrenatural es un tema que comentamos los que la queremos, cuando ella no está, evidentemente. Nos desahogamos los unos con los otros en una especie de reunión de Sílvia's anónimos. Por suerte, tiene bastantes amigos, y entre todos podemos compartir el esfuerzo que supone seguir sus múltiples actividades en un mismo día. Es cuestión de organización y de despistarla un poco. Los días para ella no tienen veinticuatro horas. Los días duran lo que ella diga. Esa también es otra de sus características: es cabezota, y de las convencidas. Eso sí, cuando se le acaban las baterías, se desconecta de golpe. Sin avisos. Te giras y ya no está. Solo queda su cuerpo inerte sobre una mesa o recostado en una silla. Como si fuera la malla tirada en el suelo de la superheroína que es.

¿Veis como es alguien especial? Como este libro. Tenéis entre las manos una declaración de intenciones de cómo vivir la vida intensamente *by* Sílvia Abril. Leerlo ha sido como ahorrarme una sesión con la psicóloga porque he descubierto que no soy la única a la que le sudan las manos cuando piensa en las próximas Navidades y en las ganas que te entran de salir corriendo del país para evitarte las dichosas fiestas; la que cuando tiene a sus hijos de campamentos, no puede dejar de pensar en los mil quinientos peligros que esconde dormir en una aparentemente inofensiva tienda de campaña; o en la que tiene unas ganas irreprimibles de echar del chat de WhatsApp a algún que otro miembro de la familia. Porque Sílvia somos todas. Y vosotras os reconoceréis en sus historias y en su filosofía de vida: somos imperfectamente perfectas. Nos encantan nuestros dramas y llorar y reírnos de ellos por igual. No había un mejor título para este manual de supervivencia de cómo vivir la vida con humor, *Pérdidas de risa*. Porque no nos engañemos, amigas, todas tenemos una edad y la gravedad no está de nuestro lado.

Aunque a Sílvia ni eso le importa. Es una *superwoman*. Pero como toda superheroína tiene un punto débil: el suyo, la memoria. Es increíble cómo ha llegado hasta el día de hoy cuando prácticamente no recuerda ni qué hizo ayer. Y esto no es cosa de la edad, no os penséis. Hace más de veinte años que la conozco y siempre ha sido así. Desmemoriada nivel pro. Creo que por eso hace tantas cosas al cabo del día, porque, en realidad, no se acuerda de lo que ha hecho y de lo que no. Pensaréis entonces que tiene mucho mérito el esfuerzo que ha hecho para escribir este libro, teniendo en cuenta que es un repaso a su vida, ¿verdad? Pues siento romperos el corazón. No os podéis hacer una idea de la ayuda que ha necesitado esta mujer para recordar todas las anécdotas que ha querido compartir con vosotras. Incluso ha habido algún episodio que ha sido una sorpresa para ella misma.

Os digo que, si me hubieran dado un euro por cada llamada que he recibido de un equipo de producción o de algún periodista que me piden a mí anécdotas sobre ella, ahora estaría escribiendo esto con un teclado bañado en oro. Exagero, vale. Pero si a esas llamadas les sumamos las de la misma Sílvia, que te necesita para recordar cosas sobre su propia vida, bueno bueno… teclado y pantalla de oro. Esta es la parte más dura de ser su amiga. Tener que casi renunciar a tus propios recuerdos para dejar espacio en el cerebro para los suyos. Vale, ahora vuelvo a exagerar, pero ella no cuenta con que su amiga «joven» ya no lo es tanto. Pensándolo bien, lo mejor de la existencia de este libro es que, por fin, tendrá gran parte de su vida escrita y encuadernada y podrá utilizarlo como quien consultaba la enciclopedia Espasa. Así que, gracias, HarperCollins. Los amigos de Sílvia no sabéis cómo os estamos de agradecidos.

Como os decía en el arranque, también estoy muy agradecida por dejarme escribir este prólogo. Aunque ahora que caigo, quizás era una artimaña para evitarse otra llamada preguntándome cosas. ¡Directamente se las estoy dejando por escrito! Vale, también se me había olvidado contaros que es una tipa tremendamente lista. La he visto salir airosa de situaciones que merecerían un premio unánime del jurado.

Es curioso pensar que todo esto empezó con un zapatazo en mi cabeza. Por cierto, cuando Sílvia vino

a recoger el zapato, el día que nos conocimos, me pi-
dió disculpas y a los pocos minutos ya me estaba invi-
tando para ir juntas a un concierto de Manolo García,
al que, por cierto, nunca fuimos. Así que, Sílvia Abril,
me debes un concierto.

Es mentira, pero como no se acuerda… De alguna
manera me tengo que ir cobrando lo mío. El oro de
los teclados no se paga solo.

EVA MERSEGUER

# 1
## HE ESCRITO UN LIBRO, PLANTADO UN ÁRBOL Y TENIDO UNA HIJA

Escribir un libro. Plantar un pino. Tener un hijo. En teoría, cuando completas las tres cosas, te habrás pasado el juego de la vida. Cuando era más joven pensaba que al terminarlas vendría el hada madrina y me diría:

—Sílvia, te has realizado como persona. Ya te puedes retirar en la playa a hacer crucigramas y a rascarte el papo con la mano que tengas libre.

No quiero romperos el corazón, pero no pasó nada de eso.

TENER UN HIJO. Como si fuera una tarea que se puede completar, como si pudieras hacer un *check* y ya está. He parido, tengo un bebé. ¿Ahora qué? ¿Cuál es el siguiente paso? ¿Plantar un pino? ¡Hecho! Para parir hay que apretar y antes de que salga el bebé a veces sale otra cosa. ¡Para que luego digan que el *multitasking* no existe! Un hijo se tiene todos los días de tu vida, por eso es imposible completar las tres tareas divinas que te elevan al cielo de las superpersonas. ¡Es una trampa!

Ser madre es el trabajo más difícil que he tenido y en el que más juzgada me he sentido. Y os lo digo yo, que he presentado dos veces los Goya. Cuando te conviertes en madre, las personas que hay a tu alrededor dejan de interactuar contigo de una forma natural para evaluar cada movimiento que haces. Sobre todo, cuando eres un personaje conocido. Hay gente que lo hace con educación, respeto y con intención de ayudarte. Pero hay quien no, que solo lo hace para criticarte. Vamos a ver, José Antonio. ¿Qué vienes a contarme a mí de ser mala madre? Si tú llevas cinco años sin llevar a tu hija de paseo porque prefieres pillar la bici y pirarte de ruta con los amigos. No me jodas. Es como si todo mi alrededor se convirtiera en el jurado de un *talent show,* «¡Operación Madre!». El premio es una parcelita en el quinto pino para mandar allí a toda esa gente que opina sin saber. La única persona que puede juzgar mi trabajo como madre es la principal afectada. Mi hija. ¡Y creo que ella está bastante satisfecha con la tarea que se está realizando!

Me costó mucho entender que mi hija es una persona y no una figurita de cristal que se puede romper fácilmente. No le voy a crear un trauma cada cinco minutos. Pero alguno caerá, fijo. Solo espero que sea chiquitín. Antes, en las familias que se lo podían permitir, se ahorraba dinero para mandar a los niños a la universidad. Ahora es mejor ahorrar para cuando los niños tengan que ir a terapia. Y cuando cumplan dieciocho años poder decirles:

—¡Este dinero lo hemos guardado para arreglar nuestras cagadas! Utilízalo bien y no te lo gastes en un psicólogo que no tenga título homologado.

Aceptar que no vas a ser una madre perfecta es el primer paso para ser una «buena madre» y resulta hasta liberador.

Cuando estaba embarazada de Joana me repetía mucho: «tengo que hacerlo bien», «tengo que estar a la altura»… Después entendí que no se trataba de eso. De lo que se trataba era de criar a una niña que estuviera sana, que fuera feliz, que tuviera valores y una autoestima fuerte. Casi nada, eh. Parece más fácil acabar la Sagrada Familia que conseguir esto. No hay una fórmula maestra que haga que tu retoño cumpla con todos los objetivos que te has marcado como madre. Si así fuera, la maternidad sería una ciencia exacta, como las matemáticas. ¡MATERNÁTICAS! Se estudiaría en la facultad y al final te darían un título que certifica que estás preparada para ser madre. Pero al igual que en la vida real, saldrías de la universidad sin tener ni idea de nada y aprenderías como se aprende todo. ¡Con las prácticas!

Hay cosas que no aprendes mientras estás embarazada. Por ejemplo, el llanto. Todo el mundo te avisa de que tu bebé va a llorar. Tu familia, tus amigos... Hasta el repartidor de Amazon cuando viene a dejarte un paquete te mira y te dice:

—Ufff, prepárate para no dormir.

Menudo acoso. Dejadme en paz, ya me lo encontraré. Aunque tú te preparas mentalmente. Te convences a ti misma de que estarás los próximos dieciocho meses calmando a una criaturita que destrozará tus tímpanos y tu paciencia.

Y es verdad: los bebés lloran. ¿Pero sabéis quién llora igual que un recién nacido? Una recién parida. ¿Por qué nadie me avisó de que iba a gastar más dinero en pañuelos que en pañales? Me pasé un año entero llorando cada día. A veces de emoción, otras de pena, a veces del mismo estrés. Lloras por verle la cara, lloras porque tienes miedo. Lloras porque no sube la leche, también porque sube la leche y duele. Lloras porque no deja de llorar y lloras hasta el día que el bebé no llora porque por fin podrás descansar. De repente estás subida en la montaña rusa más loca que existe, la de las emociones.

Durante los primeros meses de vida de Joana me encerraba en el baño a llorar. Era mi *spa*. Me exfoliaba la cara a base de lágrimas. Y es que por mucho que estés rodeada de gente que te quiere e intenta ayudarte, no puedes evitar sentirte sola.

Ser madre es muy bonito, pero también es una putada. Si habéis venido aquí a leer un capítulo donde diga que la maternidad es un camino que huele a rosas, lo siento. Siento ser una aguafiestas. Es verdad que en momentos puntuales sí conectas con eso y te peta la cabeza de felicidad. Pero la mayoría del tiempo es un camino que huele a pañal sucio y a tufillo de «socorro, hace dos días que no me ducho porque se me ha olvidado».

A partir del día que nace tu retoño lo más importante ya no eres tú. Es el bebé. Mi nombre pasó de ser Sílvia a ser Mamá de Joana. En el pediatra, Mamá de Joana. En la guardería, Mamá de Joana. ¡Hasta mis padres! Un día me llamaron y me preguntaron:

—¿Cómo está mi niña?

Y claro, yo pensaba que estaban preguntando por mí. Pero no. ¡No es justo! ¡Yo soy su niña! Pero no, ya no era su niña, ahora era la mamá de la niña.

Es jodido. Te olvidas de quién eres. En el momento en el que está pasando no te das cuenta. Estás demasiado preocupada por sacarle los gases a ese saquito de huesos. No fue hasta que pasó el tiempo y Joana comenzó a ser más autónoma cuando me puse al día conmigo. Dejé de basar mi personalidad en cambiar pañales y amamantar y me recuperé a mí misma.

Esperad un momento, que voy a la cocina a por un cuchillo que toca abrir un melón. El melón de la lactancia. Me costó mucho amamantar a Joana. De mis pechos como mucho salían un par de chupitos de leche. El único líquido que producía mi cuerpo era el pis que se me escapaba de vez en cuando.

El parto de Joana fue por cesárea. Me sentía culpable porque el parto de mi niña no había sido «natural». Por cierto, aprovecho para recordar que todos los partos son naturales. Que el hecho de haber parido por cesárea no te hace menos madre o menos mujer. Fin del inciso.

A pesar de saber esto, es cierto que los primeros días no podía evitar sentirme mal cuando me acordaba de que la niña no había pasado por mi canal vaginal. Por eso, para compensar, me obligué a darle de mamar. Lo probé todo: sacaleches, doula a domicilio. Hasta canela en los pezones, que pensaba: «¡Mira, sus primeras natillas!». Pero la leche seguía sin subir. ¿Dónde estaba mi géiser con lactosa? Yo creía que iba a ser nacer mi niña y mis tetas llenarse con tanta leche que tendría excedente para mandar a la Central Lechera Asturiana.

Mi hija nació muy pequeñita, pesaba lo mismo que un paquete de mortadela. Era mini. ¿Cómo no iba a ser capaz de alimentar a lo que más quería en el mundo y que, además, me necesitaba para subir de peso? Otra vez la culpa, ¡qué pesada! Y si esto ya era duro de por sí, más duro era volver a escuchar a la gente que se te acercaba a darte consejos. ¡Toma infusiones de anís! ¡Que te den un masaje mientras amamantas! Levántate por las mañanas, mírate al espejo y canta: «¡teeeengo una vaca lechera, no es una vacaaaa cualquiera…!». Todos con muy buena intención. Pero es que de repente todo el mundo sabe de lactancia. Todo el mundo tiene que darte su truco infalible para que tu cuerpo produzca alimento. Hasta el técnico del internet que vino a casa a arreglar el router me miró y me dijo: mi mujer se pasaba todas las mañanas un trozo de salami por las tetas para que agarrara el niño. Me dieron ganas de decirle ¿te digo yo cómo arreglar el *router*? No me digas tú a mí cómo tengo que arreglar mis tetas. Al final, tuve que pasar del pecho al refuerzo. Y del refuerzo tuve que pasar definitivamente al biberón. ¿Pasó algo? No. Joana tiene diez años, es una niña sana, fuerte y con una densidad ósea perfecta.

Cuando vas al colegio aprendes que alrededor del setenta por ciento de tu cuerpo es agua. Nadie te dice que cuando eres madre tu cuerpo se transforma y pasa a ser setenta por ciento agotamiento. Pasas de ser una persona funcional a ser un zombi lobotomizado que funciona gracias a la inercia. Pasas de ser un animal terrestre a ser un reptil, porque vas arrastrándote por todos los sitios. No duermes. Y cuando pasas cuarenta y dos años durmiendo como un tronco y de repente te arrebatan esa necesidad tan básica, como es el descanso, te conviertes en una especie de monstruo de Frankenstein que dice muchas palabrotas. Sí, el sueño me provoca tener mal carácter. ¿Está mal decir tacos delante de un bebé? Sí y no. Sí, porque no está bien hablar así delante de tu hija, pero… ¡Es tan pequeña! No se va a acordar del día que escuchó a su madre decirle gilipollas al coche de delante mientras conducía.

Desde muy bebé tuve que acostumbrar a Joana a montar en coche. La tenía que llevar a la guardería. Yo pensaba que el drama más grande que había visto en mi vida eran *Los puentes de Madison*. Hasta que tuve que dejar a mi hija en la guardería, que entonces pasó a ser un capítulo de los *Teletubbies*. ¡Qué manera de llorar! Ella y yo. Ella porque pensaba que la iba a abandonar. Yo porque ella creía que la estaba abandonando. ¿Qué clase de madre puede dejar a su bebé en un sitio precioso, lleno de profesionales de confianza que se encargan de cuidar a niños de forma impecable? ¿CÓMO? Y venga a llorar. Y era el día de la adaptación. La tuve que dejar solo dos horas. Después te vas esas dos horas y te das cuenta de que ha sido la primera vez en meses que te has dedicado tiempo a ti. Y ahí es cuando empiezas a llorar porque se te ha hecho demasiado corto.

Si hay algo de verdad que te pilla siempre de sorpresa es que nadie te prepara para ser como tu madre. Sí. Como tu madre. En el momento que tienes que criar a un bebé el espíritu de tu madre viene para meterse en tu cuerpo y no salir nunca más. Al principio es sutil, reproduces algún gesto. Dices alguna expresión… Hasta que un día le das rienda suelta y te pillas haciendo y diciendo las mismas cosas que ella. ¡Es muy fuerte! Tanto que asusta. Tu madre te ha poseído y no hay exorcista preparado en todo el mundo para sacarla de allí. El otro día me pillé diciéndole a Joana que había lentejas. Si quieres las comes, si no las dejas. Todavía sigo en *shock*.

El tiempo se ha puesto las pilas y ha pasado demasiado deprisa. Desde que le vi por primera vez la cara a Joana hasta ahora ha pasado una década. He pasado de tener un bebé a una preadolescente. ¿Estáis oliendo eso? Soy yo que me acabo de cagar encima. Igual que en Netflix hay un botón que pone: omitir introducción... ¿Por qué mi hija no puede tener un botón que ponga omitir adolescencia? Pues porque por suerte es inevitable.

El otro día estaba con sus amigas en casa e intenté unirme para jugar con ellas. Me miró raro. ¿Sabéis qué significa esto? Que ya no queda nada para que me pida un móvil y me conteste mal. No queda nada para que se cierre en banda y me cuente las cosas con cuentagotas. ¡Ya le ha empezado a oler el sobaquillo a sudor adolescente! Me da miedo, pero también entiendo que el paso del tiempo es inevitable y que para que mi hija se convierta en una mujer adulta tiene que pasar esta fase. Su padre y yo trabajaremos para acompañarla. Le proporcionaremos las herramientas para que tenga una autoestima fuerte y no contagiarla con nuestros propios miedos. Le ofreceremos nuestra comprensión y la escucharemos cuando lo necesite. Y lo más fundamental, le hablaremos de la importancia de echarse desodorante a partir de los doce años.

# 2
## SOY FAMOSA

Este capítulo empieza con un acertijo: «Fue una serie en los años ochenta. Rosalía le dedicó una canción. Y es un barrio de Murcia. ¿Qué es?». La fama. Hay quien se pasa la vida persiguiéndola y quien huye de ella. Luego está la gente de mi equipo, que nos la tomamos como la comida picante. En pequeñas cantidades y en compañía se llega a disfrutar, pero si te excedes, sabes que te puede provocar almorranas.

Muchas veces las personas confunden el éxito con la fama. Y son cosas muy diferentes. Yo fui exitosa antes de ser famosa. Empecé a estudiar Derecho hasta que di el volantazo y decidí estudiar interpretación. En el momento que tomé esa decisión ya fue un éxito para mí. Me arriesgué para conseguir dedicarme a algo que me hacía feliz. ¡Muy bien hecho, Sílvia del pasado! Esto y no comer gluten, las dos mejores cosas que has hecho en tu vida.

Me considero una persona bastante conocida. En España. Me gusta aclarar esto porque no me reconozco como una actriz muy famosa. Julia Roberts podría estar paseando por un pueblo de Soria y la gente la pararía para hacerse una foto. Es verdad que a mí me pararon una vez en el aeropuerto de Noruega, pero para un control aleatorio. Son estilos de fama, si me preguntan. En ningún momento busqué ser famosa. Yo buscaba ser actriz y vivir de lo que más me gustaba. El resto es una consecuencia del camino que elegí.

Me gustaba la profesión, lo de ser conocida me daba un poco igual. Pero hay una parte de la fama que es necesaria. Seamos honestas, si en vez de actriz hubiese sido registradora de la propiedad, quizás no estarías leyendo este libro. A nadie le interesa tanto la gestión de los inmuebles, ni siquiera a una registradora de la propiedad.

La fama te puede dar mejores trabajos, pero también te puede quitar mis dos cosas preferidas del mundo: la diversión y la macrobiota. El estrés se carga a mi microorganismo preferido y ser famosa estresa una barbaridad. Además, que ya no puedo hacer la cabra loca como a mí me gusta. Primero porque Joana es preadolescente y ahora me mira raro, y segundo porque siento que personas que yo no conozco de nada a mí me conocen demasiado. Y eso me da corte.

Mis primeras experiencias siendo «famosa» las viví tras el exitazo de *Homo Zapping*. Antes me había pegado doce años de gira por el mundo con Els Comediants. Como actuaba detrás de una máscara no pasaba nada. Acababa la función y nos podíamos ir a cenar y a tomarnos una copa sin sentir que la gente nos miraba. A veces se nos acercaba un pequeño grupo a la puerta del teatro a felicitarnos y a darnos la enhorabuena. Y la verdad es que también nos hacía ilusión. Era todo mucho más tranquilo. Hace veinticinco años de eso. La novia de Di Caprio no había ni nacido. Los tiempos eran distintos…

¿Alguna vez os habéis preguntado qué tienen en común las bombas nucleares y los teléfonos con cámara? Que no todo el mundo está preparado para tener uno. Me han pedido muchas fotos. Y siempre me ha gustado hacérmelas. Soy de hablar y ser cercana con la gente que es amable conmigo. Pero también os digo, hay momentos y momentos. Por ejemplo, situación «voy por la calle con mi hija que llegamos tarde a un sitio», no es un buen momento. O «en la puerta del teatro, al acabar una función». Puede ser un buen momento. ¿Veis que fácil?

Para pedir una foto a alguien se tienen que cumplir, como mínimo, dos requisitos. En primer lugar, el entorno debe tener unos estándares mínimos de higiene. Y, en segundo lugar, la persona a la que le vas a pedir la foto debe cumplir unos estándares mínimos de lucidez. Por ejemplo, a mí me han pedido fotos en la cola del baño de un festival. Claramente, no hay ni higiene ni lucidez. Si le pides una foto a alguien y el fondo va a ser una fila gigante de Poly Klyn, mejor estate quieto. También me pidieron una foto saliendo de clase de *spinning*. Ellos me pidieron una foto y yo un respirador asistido. Gasté toda la fuerza que me quedaba en esbozar una sonrisa, casi me caigo redonda al suelo. Hasta me han llegado a pedir una saliendo de una intervención quirúrgica. Iba de propofol hasta las orejas. Ya os digo que esa foto puede servir para concienciar sobre el peligro de las drogas. Es el «antes» de entrar a una clínica de rehabilitación como mínimo. Menudo careto.

Mi suerte fue que me hice famosa con *Homo Zapping*, salíamos por la tele, pero con una cara distinta. Llevábamos pelucas, maquillaje, prótesis... Por ejemplo, a mí la gente estaba acostumbrada a verme rubia, con la peluca de Cayetana Guillén Cuervo. Si iba de morena y sin maquillaje no me conocían tanto. Lo mejor era cuando salíamos los compañeros de programa a tomar algo. Era muy gracioso ver a las personas mirarnos con cara de esta gente me suena, pero no sé de qué. ¿Serán famosos? ¿Serán mis primos de Badajoz que han venido a Barcelona y no me han avisado? A todos en grupo no nos reconocían, pero podía pasar que de repente distinguían a uno y el resto íbamos cayendo como fichas de dominó.

El momento que sentí que explotó todo fue con la Niña de Shrek. Me ha dado más dolores de cabeza esta niña que la mía propia. Y de rodilla, porque no veas los trompazos que me metía. La «niña» se hizo famosísima y la gente aquí ya empezó a reconocerme como Sílvia Abril, la actriz que había detrás de aquellas cejas y aquel bigote. Supe que me había hecho famosa porque mi madre me decía que sus amigas sabían que salía por la tele. ¿Quieres saber cómo es tu nivel de fama? Habla con las amigas de tu madre. Si saben en qué programa o película has salido, es oficial, eres famosa. Si tienes setenta y ocho millones de *followers* en Instagram, pero Paquita de la mercería no sabe quién eres, lo siento mucho, pero no eres tan famosa como te crees.

Es verdad que lo bueno de que te conozcan gracias a que te dedicas al humor es que cuando se acercan a ti lo hacen de muy buen rollo. Te dan las gracias, te invitan a lo que estás tomando. La gente suele ser muy agradecida. Nunca olvidaré el día que estaba en un bar y una persona decidió pagarme la cena. Si fuiste tú, la que está leyendo esto, solo te puedo dar las gracias. Me hizo muchísima ilusión esa digestión gratis.

También os tengo que confesar que si pensaba que había llegado a mi punto álgido de famosa con la Niña, no sabía lo que me esperaba... Todo cambió «de verdad» cuando empecé a convivir con una persona más famosa que yo. Se me olvidó lo que era vivir con normalidad. ¿Os imagináis una primera cita en un cine? Yo no. Si queríamos eso había que viajar fuera del país para evitar que nadie nos conociera. Imaginaos, con lo que cuesta una entrada al cine con palomitas hoy en día, pues súmale los billetes de avión. No sale a cuenta. Además, que nosotros éramos cómicos, no futbolistas. Así que no podíamos hacer esas cosas.

Es cierto que yo no sé lo que es que te persigan los *paparazzis*. Menos mal. ¿Sabéis el secreto? Vivir de nuestro trabajo y no de nuestra vida. Fuimos muy listos ahí. No lo voy a negar, estuvimos muy bien. Desde el principio supimos marcar el límite y gracias a eso ahora vivimos bastante tranquilos.

Si ahora mismo mi hada madrina viniera y me dijera:

—Sílvia, te has portado genial este año. Has trabajado mucho y has hecho deporte tres veces por semana. Te voy a conceder veinticuatro horas de anonimato.

¿Sabéis lo primero que haría? Enseñar las tetas. Pero no al hada. Me iría corriendo a bañarme desnuda a una playa, seguramente a Menorca. No sabéis cómo odio bañarme con un bikini puesto. Echo muchísimo de menos hacer nudismo. ¡Me encanta sentir que la vitamina D me entra por todos los poros de mi piel! Reivindico mi derecho a tomar el sol en bolingas sin que un móvil indiscreto me grabe. Es terrible, en un momento de máximo placer, pensar que alguien puede sacar el teléfono y joderme la tarde. Practiqué nudismo hasta los treinta, y ahora ni siquiera un triste *topless* por miedo a que me hagan fotos y se lie la marimorena.

También pienso que con ese deseo de anonimato me iría de paseo por Barcelona, tranquilamente. Disfrutando de la ciudad más bonita del mundo. Y lo haría hecha un adefesio. Me vestiría fea, como si me hubiese caído en un contenedor de ropa de segunda mano. ¡Vivir un día sin la necesidad de estar perfecta! Simplemente un sueño. Lo que más ilusión me haría sería meterme en la primera fila de un concierto. Bien masificado. Y bailar. Bailar muchísimo, saltando como una loca. Hasta que se me escapara el pis, porque el hada madrina me ha concedido un día en el anonimato, pero no un suelo pélvico de una joven de diecisiete años. Cosas de la madurez… También me iría con Joana a hacer lo que ella quisiera: una peli, un paseo, salir a comprar un helado sin que le roben a su madre cada cinco minutos porque se tiene que parar a hacerse una foto, a hablar con alguien o, simplemente, sin que se sienta observada. Intentaría devolverle el tiempo que mi profesión le ha quitado. Aunque no nos engañemos, tampoco podría hacer la cabra todo lo que a mí me gustaría porque la niña tiene diez años, es preadolescente y ya me riñe.

Hace poco estrené una obra de teatro en el Festival de Mérida. A la salida me esperaba una madre con su hija. Habían viajado desde Navarra porque la niña era muy fan mía y la madre le prometió que si sacaba buenas notas vendrían a ver mi nueva obra. Me esperaban con un cartel para hacerse una foto conmigo. Acepté encantadísima, menudo subidón. Estas cosas son bonitas y te reconcilian un poco con el mundo y con mi profesión. Cuando me acerqué a saludarla la niña estaba muy nerviosa, temblaba y todo, así que me dediqué a tranquilizarla. Al día siguiente teníamos función de nuevo. A la salida estaban otra vez y me volví a acercar. La mayoría de fanes tienden a mitificar a las personas que admiran. Y esa posición, como de «ídolo», nunca me ha hecho sentir cómoda ni realista, por eso suelo aprovechar y me tiro a mí misma del pedestal en el que me han colocado. No parece algo muy lógico, pero prefiero que las personas sepan quién soy en realidad en vez de que piensen que Sílvia Abril es un ser de luz, hecho de arcoíris y confeti, cuya misión en el mundo es salvarlo a través de la risa. Que quede claro que soy humana, no un personaje de una película Disney. Por eso, como la vi mucho más tranquila que la noche anterior, aproveché para hablar con ella y recordarle que soy normal y corriente, que hago pipí y caca. Y que antes de tirar de la cadena la miro a ver cómo está. Que acostumbro a meter la pata hasta el fondo y que a veces tengo días de mierda, como todos. Lo que pasa es que ella no los ve porque parte de mi trabajo es fingir que siempre estoy bien. Fue una experiencia muy chula acercarme así a una fan, siempre lo es sobre todo porque me dijo que no había dudado en ningún momento que hago caca como todo el mundo. Y pensé para mis adentros: «Seguro que los fanes de Julia Roberts no hablan de caca con ella».

# 3
## HE ESTADO EMBARAZADA

Aish, se me ha caído la cabeza. Menudo dolor de cervicales. Estoy en el AVE y he dado una cabezada de esas que te desnucan. Me llevo la mano a la boca porque me temo que, además de la cabeza, también se me ha caído la baba. Efectivamente. El *pack* completo.

Soy una usuaria frecuente del tren. Me gusta. Antes no me gustaba tanto, prefería el avión. Pero con la edad, el chacachá del tren hace que recupere las horas de sueño que por la noche me roba la menopausia. Es así, amigas. La menopausia nos roba. Y mucho. Estoy empezando a entrar en este tema, espero que nos llevemos bien. Mientras ella no me joda demasiado, podemos llegar a ser BFF.

Voy sentada en una mesa de cuatro; es mi elección preferida porque así puedo estirar más las piernas y dispongo de espacio para aprovechar y adelantar algo de trabajo. O al menos hacerlo ver. Como hoy. Pero es que me está resultando imposible concentrarme porque delante tengo una chica embarazada de poquito y no puedo dejar de mirarla. Tiene una minisonrisa fija en la cara como salvapantallas de fondo que me conmueve. La miro con empatía, casi con amor, porque no sé si sabe la que se le viene encima. O quizás sí, no quiero sonar paternalista. Porque a pesar de leer, escuchar y empaparte, nunca llegas a hacerte la idea de lo que realmente es LA MATERNIDAD. Así en mayúsculas. A no ser que seas de las repetidoras, claro. Hay mujeres valientes y luego las hay muy muy valientes. Yo hubiera sido de las segundas si la naturaleza se hubiera enrollado. Pero, chica, así es la vida, y mi cuerpo serrano no estuvo por la labor.

Aunque años antes sí que pude quitar el precinto a la maternidad. Me quedé embarazada de Joana con cuarenta y dos. No era una jovenzuela precisamente. Pero la madurez me hizo vivirlo desde una calma que seguramente me ayudó a gozarlo todo mucho más. Valoré el tiempo que me costó quedarme. Valoré el esfuerzo que supone engendrar en nuestros días. Y valoré lo que había sido vivir sin almorranas hasta entonces. La madre que las parió. ¿Por qué no sale eso en los libros bonitos sobre el embarazo? Ni eso ni la puta realidad del posparto. Menuda movida.

Ojo, la embarazada se ha levantado y me ha mirado con complicidad. Ya noto que casi somos amigas. Nos imagino juntas en su *baby shower*. Esa fiesta importada, como casi todo lo malo, de Estados Unidos donde te reúnes con tus amigas para celebrar que el bebé está a punto de llegar. ¿Y qué haces para celebrarlo? Pues como no puedes beber alcohol, juegas a cambiar pañales, a darle papilla a un muñeco y a comer tarta del color del sexo del bebé. Rosa para las nenas, azul para los nenes y supongo que color blanco roto para los no binarios. Menudo fiestón, eh. No veía tanta diversión junta desde el cumpleaños de Tamara Falcó. Fuah, ella sí que sabe divertirse.

Uy, mi amiga tarda, empiezo a preocuparme por ella. Le enviaría un *whats,* pero, claro, todavía no me ha dado su teléfono. Me tranquilizo suponiendo que estará en el baño.

Ese es uno de los problemillas a los que te enfrentas durante el embarazo. Ese es el punto de inflexión donde cambia la relación con tu vejiga. A partir de ahí, la muy zorra te hará *gaslighting* hasta el fin de tus días. Suerte que existen los fisios de suelo pélvico y las compresas de mi amiga Concha Velasco.

Y es que el cuerpo cambia, queridas. Para siempre. *Forever and ever,* como diría Aretha Franklin. Tu *body* ya no vuelve a ser el de antes. Pero es que tú tampoco.

Todo el mundo habla de los cambios físicos que sufre tu cuerpo durante la gestación, pero pocos te hablan del cambio que sufre tu coco. Tu cabeza se ve claramente afectada por todo el proceso desde el momento que un espermatozoide se viene arriba y hace *match* con uno de tus óvulos. Pasas a ser otra, literalmente.

Hace no mucho leí que igual que la adolescencia se considera la fase de crecimiento entre la niñez y el adulto, la matrescencia es la transición de una mujer a la maternidad. Y puede durar hasta, sujétame el cubata, ¡SEIS AÑOS! Está científicamente probado que este período incluso modifica tu cerebro. Y ahí, amigas, reside la clave de todo. La excusa de las excusas. Vuestro *ticket* de oro para hacer lo que os salga del toto desde este momento en adelante, que para algo habéis expulsado a un ser por el mismísimo.

Las mujeres somos diosas del universo. Somos seres supremos. Hacemos magia. Y no me refiero solo a ser capaces de encontrar los calcetines desparejados en la lavadora. Magia de la buena. De la del Mago Pop. Cocinamos bebés a fuego lento, como diría Rosana, o a baja temperatura, como diría Jordi Cruz, NOSOTRAS SOLITAS.

—¿Estás cansada, mi amor? —te pregunta tu pareja. Pues mira, dime ¿cómo estarías tú si en nueve meses tuvieras que crear dos pulmones, dos riñones, un cerebro, un par de piernas y de brazos, un montón de órganos más, unas pestañas de infarto y encima que el *packaging* final te quede mono? Que ni Miguel Ángel tuvo tanto curro, por favor. Ah, y encima añádele un detalle tonto, nada, una cosita sin importancia: todo eso lo hacemos mientras continuamos con nuestras vidas como si nada. *Boom. Drop the mic,* como haría Obama. No hay más preguntas, señoría.

Calla, que mi amigui ha vuelto. No trae buena cara. La pobre debe estar con las náuseas matutinas. Otra de cal. O era de arena, no sé. Pero eso solo lo sabe la que lo ha pasado. A ver cómo os lo explico: es como si estuvieras mareada todo el día, con sus vómitos, su flojera y sus sudores, y estuvieras montada en un barco veinticuatro horas seguidas. Y ese barco fuera el Titanic. Pero no el Titanic saliendo de Inglaterra, todo cuqui, diciendo adiós con rollos de papel de WC. No, no. Titanic rollo poschoque con el iceberg, en su momento más álgido, con su hundimiento, su gente gritando y sus cosas. ¿Qué? ¿Os hacéis a la idea? Pues ni así. Es peor.

Yo estoy convencida de que durante mi embarazo conseguí un récord Guinness. ¿Qué? ¿No os lo creéis? Vomité cada cinco metros durante nueve meses cada día. ¿Qué ser humano es capaz de superar esa marca? Uy, es que Usain Bolt corre mucho. Guay. Que corra vomitando. Eso sí tiene mérito. Yo tengo el honor de haber vomitado caminando, durmiendo, comiendo, trabajando, montada en coche, en la calle, en transportes públicos, aviones, trenes, acompañada, sola, con público delante, con *glamour* y sin él. Soy la *ironwoman* del vómito. Merezco mi reconocimiento. Vomité hasta el mismo día del parto. El destino tuvo a bien el no hacerlo durante el parto. No era la bienvenida que me había imaginado para mi bebé. Claro que hay bienvenidas peores. Y no voy a seguir. Que ya os lo imagináis vosotros solitos.

Me acomodo en mi butaca y busco el contacto visual con mi amiga la preñi. Quiero ayudarla. Estar ahí para ella. Que sienta mi mano amiga. Es un momento de la vida en el que te tienes que dejar cuidar. Mimar. Porque si lo tuvieras que hacer todo tú sola, no podrías. No hay horas en el día para hacer todo lo que se supone que debería hacer una embarazada: que si la crema para las estrías, que si yoga, que si comer bien y a menudo, que si el masaje perineal, que si las clases preparto, que si leer, que si la bolsita del hospital, que si lavar todo a mano con jabón neutro para la primera puesta del bebé, que si los masajes en las piernas para la retención de líquido… La baja de maternidad debería empezar con la primera falta. Que luego todo son prisas. Y encima te dicen que no debes estresarte. Creo que la misma palabra estrés ya me estresa. ¿No os pasa?

Yo de toda esa superlista hice la mitad. Bueno, para qué mentiros, hice un par de cosas. El resto no me dio tiempo. Sí que fui a clases de preparto. A dos concretamente. Lo dejé el día que me vi rodeada de embarazadas estupendas en tanga y yo iba con unas bragas que me llegaban a los sobacos. Seguramente me equivoqué de clase y me apunté a un *casting* de Victoria's Secret, porque eso no era ni medio normal. Entendéis que no volviera, ¿no?

Estoy pensando en la de ropa de Joana que podría pasarle. ¿Sabéis que hay como un mercado negro de cosas de bebé, no? A la que detectan una madre primeriza, aparecen un montón de madres experimentadas alrededor que se ofrecen a darte un montón de cosas que ellas ya no utilizan. Y gratis. Sospechoso, ¿a qué sí? Es como aquello que dicen de la primera es gratis, pero luego se la cobran. ¿Recordáis? Yo ya sé cómo se la cobran: quitándose de encima un montón de mierda que ya no saben qué narices hacer con ella. ¡Son unas listas! Te hacen creer que te están haciendo un favor, pero de eso nada. No os dejéis engañar: ¡el favor se lo estáis haciendo vosotras a ellas!

—Perdona, ¿me dejarías estirar los pies sobre tu asiento?

Mi amiga embarazada me ha hablado.

—Pues claro, faltaría. ¿Necesitas algo?

—No, tranquila. Es un bajón de azúcar. Soy diabética, estoy acostumbrada a estos vaivenes.

—Anda, diabetes gestacional. A mi amiga Eva le pasó igual. Todo el día pinchándose en el dedo. Más que yemas tenía coladores. Lo importante es que el bebé esté bien.

—¿Bebé? ¿Qué bebé?

Ups…

—Eeeeh… —reacciona Abril, reacciona—. ¡El mío! El mío. Estoy embarazada de poquito y aún no se nota.

Me quiero morir.

—Anda, ¡enhorabuena! Pues si necesitas cosas, tengo en casa un par de cajas que no me importa hacerte llegar: ropita de bebé, una hamaquita, juguetes…

Y sigue con una lista interminable hasta llegar a nuestro destino final. Yo creo que hasta le ha bajado el azúcar de golpe de la ilusión de ver que me podía encasquetar un mogollón de cosas.

Abril, es la última vez que viajas en una mesa de cuatro. Esto te pasa por lista.

# 4
# TENGO DOS GOYA Y UN FEROZ

—¿Lo tienes todo? —me dice Andreu mientras subimos al taxi.

Hago un rápido *check* mental y contesto que sí, aunque sé que algo me dejo. Tampoco es novedad. Esta sensación convive conmigo desde hace tanto tiempo que incluso le he cogido cariño. Solo le pido una cosa: que la respuesta nunca sea «el gas encendido». No es mucho pedir, creo yo.

Vamos camino del aeropuerto, porque voy a los Goya. Como invitada. Esta vez ni presento ni estoy nominada. A ver, que nunca lo he estado, no me quiero hacer la interesante. Aunque me encantaría, claro. De hecho, lo tengo todo previsto por si algún día se presenta la ocasión: un buen rímel *waterproof,* un emotivo *speech* preparado y una buena caída sobre el escenario de las mías, el *pack* completo.

Hay algo de las galas de premios que nos apabulla

a los humanos. No sé si es el *glamour,* las luces o los famosos, pero es la cita anual a la que todos queremos asistir.

Hasta que asistes a una.

De un plumazo se te quitan todas las ganas y rezas por estar el año siguiente en tu casa, en pantuflas, mando de la tele en una mano y palomitas en la otra.

Ay, palomitas. Ahora me ha entrado hambre, pero no puedo moverme porque ya estamos a punto para facturar y con lo que nos ha costado encontrar nuestro mostrador, no me la puedo jugar. Con tanta diversificación de tarifas tienes que hacer un MBA para saber dónde debes colocarte. Que si Premium, que si Promo, que si TimeFlex, que si Plus. Suerte que mi hija, aunque con cierto desdén para sus diez años, nos dice:

—Somos *family.*

Manda narices que nos lo tenga que recordar la niña… Y para el mostrador en cuestión que nos hemos ido, nosotros y los tropemil bultos que llevamos. Que más que una escapada parece que nos mudamos. ¿Exagerada? Procedo a enumerar el equipaje: tres mochilas, un neceser, un bolso de mano, cuatro maletas —una solo de zapatos, pero no se lo digáis a Andreu—, un portatrajes con el vestido de la gala, el violín de mi hija y Zac. Zac no es un amigo de Joana al que pretenda facturar, es el perro de mi amiga Mireia. Está actuando en un musical en Madrid desde hace unos meses —mi amiga, no el perro— y me ha pedido el favor de que se lo lleve, porque lo echa mucho de menos.

Claro que sí, sin problemas. Recordad que soy Aries. Puedo con eso y con más. Bueno, menos con la cola que tenemos por delante. Por favor, que avanceeeee...

Después de la covid nos hemos venido arriba y estamos viajando por encima de nuestras posibilidades. Yo creo que está viajando gente que cree que Avios es una marca pija de agua con gas. Con esto os lo digo todo.

Los dedos se me empiezan a gangrenar del peso del vestido. Tanto lío para un evento que solo dura un rato. Bueno, un rato largo. Pero ya me entendéis. No sé si compensa tanto esfuerzo de vestuario y maquillaje para posar cinco segundos en la alfombra roja, sin parpadear y fingiendo que conoces a todo el mundo. Pero como dicen los yanquis: *there's no business, like show business*. O como dice mi repre:

—Esto se tiene que hacer y punto.

Por fin es nuestro turno para facturar. Este momento siempre me tensa, y no solo por estar cerca de una báscula, que también, sino porque sufro por el maldito exceso de equipaje. Vamos, nada nuevo, como casi cada día de mi vida como actriz.

Si a la intensidad del momento le sumas una llamada de teléfono inesperada, os podéis imaginar el resultado: he confundido una de las maletas con el trasportín de Zac. Tranquilos, no llaméis a la protectora de animales —al menos de momento—, me doy cuenta a tiempo y podemos parar la cinta antes de que nuestro amigo perruno se adentre en una suerte de PortAventura aeroportuaria para perros. Bueno, parar la cinta es una manera de hablar. Básicamente, salto sobre ella, gritando y rescato a Zac al más puro estilo *Jungla de cristal*. Para los de la generación Z que me leáis, al más puro estilo *Liga de la Justicia* —¿a que parece que la haya visto? Pues no sé si es una película o un bufete de abogados muy tocho—.

Últimamente ando un poco despistada. Y, además, acercaos, porque os lo diré bajito: empiezo a no poder hacer dos cosas al mismo tiempo. Es muy fuerte, pero sí. La edad también pasa para esta cómica jovial y alocada. De hecho, cada día estoy más cerca de poderme presentar al *casting* de una nueva versión de *Las Chicas de Oro* —a los de la generación Z: si no la habéis visto, ¡ya estáis tardando!—. Eso sí, lo que no suelto en ningún momento es mi vestido. Seré mayor, pero todavía tengo prioridades. Vestido de fiesta gana a perro de amiga. Lo siento, pero es así —ahora igual sí que podéis ir llamando a la protectora de animales—. Vestido, por cierto, al que el azafato del mostrador no quita el ojo de encima. Yo evito hacer contacto visual con él porque antes facturo a Joana que al vestido. ¿Estamos locos? Que se me pierde y ¿qué hago? Joana ya sabe dónde vive, podría volver sola, pero el vestido no. Además, con lo difícil que ha sido conseguir este *look* para el evento. ¡Una locura!

Las semanas previas a unos premios conseguir cita con un diseñador es casi más difícil que meterte en la ínfima talla del vestido que te prestan. Que somos actrices, señores, no modelos. Ni que nuestro talento interpretativo tuviera una relación inversa con el tamaño de nuestras caderas. A ver si nos dejamos de cuerpos normativos y nos estiramos un poco con los metros de la tela de los modelitos. Que una servidora ya pasa de intentar encajar en nada. El problema lo tiene el vestido, no yo. Además, lo que mucha gente no sabe es que estos *looks* los tienes que devolver al día siguiente. Como lo oís. Con su sudor, sus manchas de canapé y su todo. Así que, si yo no me esfuerzo con encajar con mi marido, que me tiene que aguantar toda la vida, no me voy a desvivir por un vestido que voy a llevar menos tiempo encima que un salvaslip.

Bromas aparte, como actriz es un muy buen síntoma que te inviten a estos saraos. Formas parte de la industria y eso significa que quieren algo de ti. Un poco como cuando vas al insti y eres del grupo de los guais. Mola la sensación, te sientes que formas parte de algo grande. Hasta aquí las similitudes, porque después no conoces a todos los colegas de profesión y mucho menos compartes un grupo de WhatsApp con todos. Eso es una leyenda urbana. Solo una vez estuvimos cerca de algo parecido, cuando Berto Romero se equivocó y la lio parda. Para invitarnos al estreno de uno de sus espectáculos en lugar de hacer una lista de distribución en WhatsApp —que no tengo ni idea de qué es, cómo se hace o para qué sirve— creó un grupo con todo el famoseo del momento. Era como un *Aquí no hay quien viva* versión cine español.

Mi gran problema de siempre es recordar los nombres de todos los que sí conozco. Recordarlos y que encima concuerden con la persona correcta. Soy un desastre absoluto. Aunque con los años he desarrollado técnicas para que no se note demasiado y pueda pasearme ciertamente tranquila, saludando a ese director que lo peta, al productor que sabes que está haciendo *casting* para su próximo proyecto o simplemente charlar con tus colegas de profesión. Ah, y todo eso, montada en quince centímetros de tacón, enfundada en una faja que me provoca hipoxia y haciendo equilibrio con una copita de vino en la mano. Si con todo eso no me merezco un papel en una peli de éxito, ¡que baje Billy Wilder y me lo diga!

Dios, no siento tanta presión desde que me daba la putivuelta en la discoteca de mi pueblo. Que al final, los dos paseíllos sirven para lo mismo: para vender el pescado.

Piiip, Piiiip. Algo que llevo encima pita en el arco de seguridad. No sé qué me da más pereza, tener que volver hacia atrás y revisarme los bolsillos o la mirada asesina que me pega la gente de la cola. Estoy segura de que piensan: «Ya está la famosa de turno creyendo que se va a escaquear». Pues ojalá, mira que os digo. Pero me parece que no. Mi alianza de casada hace pitar la máquina y ahora tendré que volver sobre mis pasos por la gran peligrosidad que entraña. Claro, si lo piensas, puede llegar a ser un arma mortífera terrible. Eso sí, que mata muuuuuy lentamente, estrangulando poquito a poquito. ¡Como el matrimonio mismo!

Pues nada, enfundada en unas preciosas calzas de papel regreso a mi casilla de salida y solo me queda contar hasta veinte para no montar un pollo. Respiro profundo y me lo tomo con calma porque… ¡todavía nos queda volar! Para reducir riesgos nos vamos derechitos a la puerta de embarque. Esta vez voy a ser de las pesadas que se pone a hacer cola cuando no hay nadie. Ya sé que tengo asiento asignado, pero ya hemos vivido demasiadas emociones como para arriesgarnos con más contratiempos. En esta ocasión seré yo la lideresa que marque el camino que nos lleve a surcar los cielos.

Pasados unos minutos, muchos, se abre la puerta de embarque. Es nuestro momento. Como cuando en el patio de butacas los entregadores abren el sobre a la espera de escuchar tu nombre como la ganadora del premio. Te proyectas a ti misma, con dignidad, emocionada pero segura, avanzando tarjeta de embarque en mano, para ser la primera mujer que ponga un pie en ese avión, cuando de repente:

—Mamá, tengo pis.

El bajón es exactamente el mismo a cuando escuchas el nombre de una de tus compañeras de nominación ser nombrada como la ganadora. No quieres llorar, pero quieres. Y no te queda más remedio que levantar tu frente marchita, escupir tu ego a un lado del camino y asumir que tendrás que ponerte de nuevo a la cola y esperar y desear que la próxima vez haya más suerte.

# 5
## ME HE HECHO MAYOR

Las mujeres —y los hombres, claro, pero este libro lo escribo yo y prefiero hablar de nosotras, que de ellos ya se encarga el mundo entero— tenemos varios indicativos de que nos hemos hecho mayores. Por ejemplo, cuando en el metro te ceden el asiento. Mal asunto. Cuando la expresión «me meo» es literal. Dios mío, llévame pronto. O cuando la gente joven te trata de usted. Que me entran unas ganas de darles un par de sopapos. Qué falta de educación, por favor.

Pero en el mundo de la interpretación existe la señal de las señales. Algo más evidente que el neón de Las Vegas, aquel que mide no sé cuántos metros. La evidencia máxima para una actriz es cuando te ofrecen una obra de teatro clásico. Que al principio piensas: «Uau, qué honor». Pero a los dos segundos dices: «Espera, espera…, ¿ya?». Antes te ofrecían papeles de madre. Ahora ya ni eso. Se lo pasan por el forro y te ofrecen papeles de muertas de hace miles de años. ¿Qué sutileza la suya, eh? Así que siguiendo esta regla, amigas, es oficial: soy una *golden girl*. Me han ofrecido una obra de Aristófanes, *Las asambleístas*.

Mi papel no es un personaje cualquiera. Me han ofrecido la protagonista: una mujer sin edad —hola, qué tal—, pero que es una gran heroína —eso sí me pega mogollón—. Se ve que ella solita consiguió cambiar las leyes de la antigua Grecia para erradicar el heteropatriarcado. Buah, lo debió hacer fenomenal, porque hoy por hoy no sabemos ni qué es eso, ¿no? Igual le quedó algún asuntillo pendiente, a la pobre... Nada, algún fleco suelto.

Hacerse mayor es una mierda. No nos andemos con rodeos. «No, es que eres más sabio». Pa ti la sabiduría. «No, es que ves la vida desde otra perspectiva». Pues fíjate por dónde, que yo prefiero verla a través de los ojos de un adolescente, con su buena vista, con sus cero patas de gallo y con sus lumbares nuevas a estrenar. Nos ha jodido. Yo creo que todas esas frases de puerta de váter las entonan precisamente los viejos para consolarse. Es que es duro hacerse mayor. Yo he pasado de tener condones y juguetes eróticos en la mesita de noche a tener una férula de descarga y gel antiinflamatorio para las rodillas. Que mi marido me ha llegado a preguntar si era yo la que estaba en la cama o Rocky Balboa. Un cristo...

Volviendo al teatro contaros que arrancamos los ensayos hace unas semanas. La producción es lujo asiático.

Nos cuidan un montón. Y hay ciertos detallitos que ya denotan que se trata de una producción, digamos, de edad avanzada. Por ejemplo, el vestuario. Han optado por un diseño cómodo a la par que cómodo. Calzado plano y un mono ancho, el *look* de moda en Benidorm. Le faltaba el tacataca brillibrilli como complemento. Aunque con tanta previsión creo que se les ha escapado una cosa: el concepto «mono» y vejiga de oro no van de la mano. Más bien se pegan collejas. Van a ser la risa los baileteos para bajarnos el dichoso mono. Eso sí será ir contrarreloj y no lo que hace Fernando Alonso. Nuestra meta no es llegar las primeras, es mantener la gotita dentro. Esto es hacer pódium a partir de los cincuenta.

Otra de las pistas que te da una idea de la edad del *casting* protagonista de la obra es el *catering* durante el *break* para comer. Jordi Cruz se suicidaría. Los sándwiches y las *burguers* se han transformado en una dieta baja en sal a base de ensaladas, cremas de verdura y proteína plancha. Se os hace la boca agua, ¿verdad? Normal. Por eso en esta producción va fuerte el trapicheo entre las actrices. Lo que más se cotiza en el mercado negro es el estraperlo de huevos duros y aguacates. Y durante el *afterwork* hemos sustituido los chupitos y cubatas por batidos de colágeno y suplementos vitamínicos. Nosotras sí que vivimos una vida loca y no Ricky Martin.

Todas sabemos que es importante cuidar la alimentación a partir de cierta edad, porque el cuerpo no perdona, os aviso. Es superrencoroso, tías. Durante los ensayos hubo más bajas que en el final de *Apocalypse Now*. Primero fueron las cervicales de Olga. Después las lumbares de Pepa. Hoy mi rodilla. Y todas reaccionamos igual en el segundo que sentimos el primer dolor:

—No es nada, chicas, será que habré hecho un mal gesto. Sí, el mal gesto letal.

Solo os digo que arrancamos el montaje siendo seis actrices y con tantas bajas a este paso se va a convertir en un monólogo. Y si no, al tiempo. Cada día que pasa nos miramos las unas a las otras, pensando: «¿Quién será la siguiente?». Vivimos en unos *Juegos del Hambre* permanentes.

Después de tanta experiencia he llegado a la conclusión de que hacerse mayor es como ir borracho: tú te ves igual, pero el resto no. Lo típico que te encuentras a una amiga que hace años que no os veis y te ves negra para camuflar el susto que te llevas.

—¡¡¡AAAH!!! Madre mía, oh, fíjate, quién nos lo iba a decir, qué sorpresa. Estás igual.

Mentira. Pero no dices nada porque en el fondo piensas: «¡Fijo que a ella le debe estar pasando lo mismo conmigo! Yo creo que fue así como nació la sororidad.

Ahora entiendo la expresión de que el tiempo pasa. Joder si pasa, por encima de ti como si fuera un Hummer con un conductor novato que con los nervios pone marcha atrás, confundiendo con la de hacia delante y venga a atropellarte p'alante y p'atrás. P'alante y p'atrás.

Y, claro, cuando estás tan desesperada recurres a todo tipo de terapias para poder seguir tu día a día mínimamente digna. Aquagym. Estiramientos. Marcha nórdica —que al principio lo confundí y pensé que era como la ruta del bakalao, pero en sueco y no, avisadas quedáis—. Yoga. Pilates. Cámara hiperbárica. Mi última aventura ha sido la medicina china, más en concreto la acupuntura. A ver si su sabiduría milenaria me ayudaba un poco. Yo por poder hacer taichí con cien años, como ellos, me dejo clavar agujas hasta en el DNI.

—Ve a mi acupuntor, es la bomba, se llama Doctor Lee —me dijo mi amiga Núria.

Ya os aviso que me sudan las manos solo de explicároslo por el temor a sonar en algún momento xenófoba, racista o incitadora del odio. Nada más lejos de mi voluntad. Pero aquella visita fue como un chiste frente a una portería, cada cinco minutos esperando a que alguien rematara el gol.

Entro en la consulta y lo conozco. Tiene cara de pocos amigos y va por faena. Mientras acabo de pronunciar la 'a' de «hola», ya me está dando un cuestionario larguísimo.

—Pero si yo solo venía por un dolor en la rodilla.

—Quiero saber todo —contesta.

Le voy contando mis achaquillos mientras él va diciendo «más dolor, más dolor», yo ya no sé si quiere curarme o es un fetichista de la hostia y le mola el sufrimiento humano, «más dolor, más dolor». Lo peor es que estoy llegando al fin de mis dolencias y no sé que más «más dolor» contarle, tendré que empezar a inventar cosas para saciar a este señor. Y cuando voy a explicarle que con siete años me di un golpe en el dedo gordo del pie, me dice «basta» y prosigue con un «braguitas sujetador». El rey de la sutileza, macho. Espero que poniendo agujas sea más delicado.

Como intuyo su prisa, procedo a obedecer sus órdenes y me estiro en la camilla para comprobar que mis sospechas están bien infundadas: nadie en mi puñetera vida me había tocado tan mal. Me siento como un trozo de carne. Ese tío hace hamburguesas conmigo. Mira que he tenido amantes que eran torpes, pero lo suyo se lleva el premio gordo. Como cuando rebuscas entre la ropa de rebajas y vas dejando caer las camisetas sin ton ni son, pues igual. Me siento un saldo, pero muy saldo. La tortura acaba cuando acaba, presionándome los trapecios mientras me pregunta:

—¿Quién ha puesto piedra aquí?

Pues no lo sé, ¡pero como coja la piedra te doy con ella! Total, que me pone agujas en todo el puñetero cuerpo… ¡menos en la rodilla! Manda huevos.

Lo dicho, que hacerse mayor es un horror. Pero por suerte viene compensado con un montón de madurez y unas canas blancas que se han puesto de moda y… ¡Y una mierda! Cumplir años está genial hasta los cuarenta. A partir de ahí todo va cuesta abajo y tú…, tú sin rodillas sanas con las que frenar.

# 6
# TENGO UN TRABAJO NO ESTABLE
# Y SOY FELIZ

Son las diez de la mañana. Estoy clavada en la mesa de una cafetería en Barcelona. Una de esas tan modernas que no sabes si te vas a tomar un café o hacerte la manicura exprés. Qué tensión, miedo me da mojar la galleta en el quitaesmalte. Además, para vuestra información, no puedo moverme demasiado, no solo porque me esté meando desde hace mucho rato y he llegado a ese punto en el que prefiero seguir apretando a tener que caminar como Chiquito de la Calzada hasta el baño, sino que prefiero no moverme porque cada vez que lo hago el camarero que me atiende me mira y me hace un gesto llevándose la mano al pecho, mientras asiente con los ojos cerrados.

La primera vez me he sentido muy halagada, pero a la séptima empiezo a pensar que quizás el chaval está sufriendo un ataque al corazón. Y yo con mis pensamientos de diva... Sea lo que sea, no me muevo de la silla. Además, estaría feo, ya que me están entrevistando para un especial de una revista titulado «La nueva generación de cómicas». Que entre nosotras, creo que se han equivocado al convocarme. Para empezar, yo nueva nueva no sería, me llevo un mínimo —¡mínimo!— de veinte años de diferencia con el resto de cómicas. Y, además, no conozco a ninguna de las otras colegas que menciona. Mal por mi parte. Debería estar más al día en cuanto a mis hermanas del humor se refiere. Pero no me da la vida, lo siento. De todos modos, os diré que me gusta que me hayan convocado sola para el reportaje, porque si nos llegan a juntar, los veinte años se hubieran multiplicado por tres cada vez que me hubiera hecho la guay intentando hacerlas reír con mis referentes humorísticos, digamos un poco *vintage*.

Ellas:

—¿Habéis visto el último monólogo de Ali Wong? Es brutal cómo se ríe del heteropatriarcado en pro del neofeminismo.

Yo:

—Bueno, bueno. No veía una mujer con tanto arrojo desde la Bombi en el *Un, dos, tres*. Y eso duele…

Silencio. Vaya que si duele… Pedazo silencio y encima acompañado de una mirada perdida, como de esas cuando intentabas recordar si te habías puesto el tampax o te lo habías dejado en el mármol del baño —amigas jóvenas: el tampax era como vuestra copa vaginal ahora. Nos prometían poder montar a caballo, nadar o tirarnos en parapente si nos poníamos uno. Sí, claro, no lo conseguiría hacer en condiciones normales, como para hacerlo encima con la regla—.

El caso es que me encanta que las revistas hablen de nosotras. Esta «nueva» generación viene cargada de talento, fuerza y mucha mucha mujer. Qué diferente era cuando yo empecé... Mirabas a los lados y todo eran tíos. La comedia no estaba presente entre las mujeres. Casi no era una opción cuando yo estudiaba en el Institut del Teatre. Mis compañeros soñaban con interpretar a los grandes personajes trágicos. Y yo solo pensaba en descolgar el teléfono y pedir que se pusiera el enemigo.

Uy, tengo sed, con tanta charla tengo la boca seca. Pero, claro, me da miedo llamar al camarero. Así que opto por mover la boca como un camello y fabricar un poco más de saliva y seguir charlando con el redactor, que justo en ese momento se lanza a hacerme las dos preguntas estrella. Las que me hacen siempre en todas las entrevistas. Las dos a las que casi nunca sé qué contestar. Las dos que me dan más pereza. ¿A que queréis saber cuáles son? Pues ahí van:

Pregunta 1: ¿Qué le queda por hacer a Sílvia Abril?

Pregunta 2: ¿Y para cuándo el drama?

A la primera os diré: ¿¡en serio!? ¿Con todo lo que he hecho? ¿O quizás es una indirecta para que ya me vaya retirando? Me da tanto coraje la preguntita de marras que siempre contesto lo mismo: lo que me queda por hacer es presentar el telediario, pero con una condición: solo con noticias buenas. Menudo reto, ¿eh? Qué le voy a hacer si soy optimista por naturaleza.

Y ahora voy con la segunda: ¿para cuándo el drama? Pero qué manía, con lo bien que me lo paso haciendo comedia, ¿por qué tengo que sentirme obligada a eso del drama? ¿Por qué si una actriz no hace drama parece que no está completa? ¿Sabéis lo difícil que es hacer comedia? ¿Sabéis lo difícil que es hacer reír a los demás? Os diría incluso que es un don, que no se puede trabajar. O lo tienes o no lo tienes. Y es de ser poco agradecido tenerlo y no usarlo. Además, ¿por qué la comedia es considerada un género menor siendo tan sanadora? No lo entiendo y tampoco tengo la respuesta.

Solo os digo que os tranquilicéis, porque me parece que el drama va a ser para todos aquellos que esperáis mi aparición —dramática— en alguna peli o serie o función de teatro. Por ahora no hay nada a la vista e incluso me atrevo a decir que puede que no lo lleve a cabo nunca. Y, por favor, no hagamos un drama de esto.

El camarero se acerca y…, ahí está, mano en el pecho y minirreverencia. No falla. Sonrío con duda, como con miedo, por si se me desploma de repente. Pasa de largo. Menos mal. Dios, no recordaba tanta tensión desde el día de Eurovisión.

Pero no nos despistemos, hablábamos de la sangre nueva que corre por las venas de la comedia. Las miro en las fotos que les han hecho para el reportaje y pienso qué bien, cuántos recursos tienen ahora para visibilizarse y darse a conocer. Envidio esa capacidad de gritar al mundo su talento. Y aunque son muchas y podría parecer una desventaja, tengo la sensación de que han creado una comunidad, una hermandad, casi un *lobby* que les ayudará a lidiar con una profesión que es un auténtico campo de nabos.

Pero también os digo, lo que no les envidio para nada es esa voracidad de las redes sociales. Antes éramos más libres. Hoy estamos sometidas al yugo de la opinión, al destructivismo de los *haters* en el mismo momento en el que abres la boca. Menuda arma de doble filo. El sitio que te ve nacer —TikTok, *podcast…*— es el mismo que quiere acabar contigo.

En cambio, mis principios se remontan a mis clases de EGB, cuando me castigaban de cara a la pizarra y me pintaba el jeto de tiza para hacer reír a mis compañeras. Y lo conseguía. Dios, qué gusto. Me encantaba esa sensación. Había probado esa droga y ahora quería más. Así que, de ahí, salté al teatro *amateur,* después llegaría el Aula de Teatre de Mataró, mi ciudad natal. Y el tiempo fue pasando. Concretamente cuatro años que me pasé girando como una peonza, pensando hacia dónde ir, viajando cada día en el tren que bordea la costa desde el Maresme hasta

Barcelona para «estudiar» Derecho. ¿Me imagináis a mí de abogada?

—Bueno, vale, de acuerdo, *zeñor* juez… ¿pero a usted le huele *azí* el *zudó?*

Ally McBeal a mi lado parecería una profesional cuerda y centrada.

Por suerte nunca acabé la carrera. De esa experiencia solo saqué una escoliosis de los tochos de libros que me hacían llevar y un montón de grandes amigos.

Poco después llegaría el Institut del Teatre. Todavía recuerdo cuando con Albert Triola nos preparamos para las pruebas de acceso, en el garaje de un colega, al más puro estilo Bill Gates y a espaldas de mi familia. Ellos que pensaban que seguía estudiando Derecho. Lo hice por su bien, por si aquello salía mal y no conseguíamos entrar.

Pero la vida siempre me sonríe, doy un poco de asco la verdad. Soy una tipa afortunada, pero también había dedicado muchas horas. Aunque la emoción se me esfumó de golpe cuando caí en la cuenta: ahora tenía que contarlo en casa. Ya os podéis imaginar cómo les sentó que alguien a quien ya veían como abogada, de repente soltara que dejaba la carrera —habiendo acabado mi cuarto año— y que me tiraba a eso del teatro. Ay, la cara de mi madre. Ella, que siempre nos había inculcado que debíamos ser mujeres económicamente independientes, y va su segunda hija y se mete a actriz.

La interpretación era algo que les sonaba a chino porque en mi casa no había ningún precedente. Nadie que pudiera servir de apoyo para animarme a mí o a mis padres. Pero fue justo allí, en el Institut, donde yo empecé mi flirteo con la comedia a pesar de que no era un género que se trabajara demasiado en el Instituto. Y un tiempo después llegó mi primera oferta profesional de la mano de Els Comediants. Esa fue mi verdadera escuela, allí es donde aprendí más, haciendo teatro de calle, interpretando personajes maravillosos y oníricos que nunca olvidaré.

Ser actriz me lo ha dado todo. A pesar de los malos augurios que me vaticinaban al principio, todo me ha ido bien. A todos los niveles: llenándome de satisfacción personal y profesional. Me siento afortunada por poder gritar a los cuatro vientos: ¡QUE ME DEDICO A LO QUE ME GUSTA!

También os aviso: no es fácil, pero se puede conseguir. Eso sí, hay que luchar. Hay que currar. Hincarle el cuerno y tener claro que esto de la interpretación no va de fama ni de dinero. Va de llenar el alma y la mente de historias y personajes que te acompañarán siempre, y que debes ponerlos al servicio de los que mandan: el público.

El camarero me mira. Viene directo. Esta vez no tengo escapatoria, lo sé. Pero mientras se lleva la mano al pecho por enésima vez, me sonríe y me confiesa que es un superfan. Que no se atreve a darme las GRACIAS por acompañar en las tardes de quimio a su madre. Que no se atreve a decirme GRACIAS por hacerlos reír tanto. Pues mira tú por dónde, yo te hice reír y tú me has hecho llorar.

No dejo de sorprenderme cuando alguien me dice algo así. Al final, resultará que la que tendré el ataque al corazón seré yo. Madre mía, cuánto me alegro de haber querido seguir siendo aquella niña que se pintaba la cara de tiza para hacer reír a la clase.

# 7
## AMIGAS Y TESOROS

—Sílvia, quien tiene un amigo tiene un tesoro.

Llevo escuchando esta frase desde que era pequeña. Mi madre siempre la tenía en la boca. Esa, y la de «acabarás llorando», pero esa da para otro tema. Hablaba de amigos y tesoros. Mira si es así, que antes de saber de qué iba *La isla del tesoro,* pensaba que era una isla llena de amigos pasándoselo bien. Como Ibiza, pero con menos discotecas. También me decía que «los amigos son la familia que se escoge». Si esto es así, mi familia es muy numerosa, ¿sabéis lo difícil que será celebrar mi cumpleaños? Cada año me tocará alquilar locales más grandes. Para celebrar los sesenta tendré que irme al Palau Sant Jordi y creo que me quedo corta.

Las tres patas que sujetan mi vida son la familia, la amistad y la microbiota. Tengo amigas a las que quiero tanto que les pregunto cómo están haciendo caca últimamente. Siempre me he sentido muy afortunada de la gente que he tenido a mi alrededor. La gente piensa que mi mayor talento es hacer reír, pero no. Mi mayor talento es escoger a las personas que tengo a mi lado. Ese y jugar al ¡STOP! Si no hubiera sido porque es un mundo bastante precario, me hubiera dedicado a ser jugadora profesional. Menos mal que me decanté por la interpretación.

Tengo amigas de todo tipo. Las que me conocen de toda la vida, las que son «amigas, pesca de arrastre» y se vienen a todos los sitios conmigo. Las amigas que saben todo de mí al dedillo. Amigas que me apoyan en todas las decisiones. Menos cuando me corté el flequillo con las tijeras de la cocina. Esa decisión no la entendió nadie, por lo que sea… Amigas que me aguantan, que me entienden y saben hacerme entender que estoy equivocada. Esto también es un arte, rodearte de gente honesta y buena. Si el cine es el séptimo arte, ¡tener buenos amigos debería ser el octavo!

También tengo «amigas *memory*». Son las que se acuerdan de todo. Tienen una biblioteca de recuerdos que no se acaba. ¿Cómo lo hacen para tener tan buena memoria? Seguro que toman algún suplemento que no me están contando las cabronas. De hecho, ahora que estoy escribiendo el libro tiro mucho de ellas para que me recuerden al detalle cómo sucedieron según qué cosas de mi vida. ¡Qué tristeza la mía ser Dory!

Hay dos retos en la vida de todo humano que son prácticamente imposibles de conseguir. El primero es poner una lavadora, tenderla y recogerla el mismo día. El segundo es lograr unas buenas amigas dispuestas a pasárselo bien contigo, sea cual sea el destino. No importa si es Punta Cana o Soria, tener a un equipo de mujeres competentes en el cachondeo en tierras desconocidas es maravilloso. Y lo siento, pero las mejores amigas de viaje las tengo yo. Preparad las palomitas porque se viene anécdota.

Una de las cosas más locas que hemos hecho con mi grupo de amigas fue irnos a Ámsterdam. Hasta ahí, todo bastante normal. Ya sabéis que es una ciudad tranquilita. Decidimos visitarla porque nos interesaba conocer en profundidad el cultivo local de tulipanes. ¿No cuela, no? Nos lo pasamos muy bien, fue un viaje fantástico. Llegó el último día y todavía nos quedaban por probar cosas. Y por cosas me refiero a productos locales como las setas. O como me gusta llamarlos a mí, «los champiñones de la alegría». En el fondo somos unas caguetas y probar eso nos acojonaba mucho. Pero vida solo hay una y como dicen los jóvenes hoy, «quien tenga miedo a morir, que no nazca». Eso es lo que debieron pensar ellas, porque ese día yo me encontraba tan mal que no me las tomé. Así que, desde mi sobriedad, mi misión era la de inmortalizar el momento y cuidar de mis amigas en el caso de que hiciera falta. No hizo falta. Las risas se escuchaban tres calles más para arriba. Todo fue maravilloso si no hubiese sido porque como os decía antes, yo me encontraba como el culo y era el día de nuestra vuelta a casa. Se mascaba la tragedia.

Para cuando llegamos al aeropuerto yo estaba del revés y casi no podía ni andar. Menos mal que era la que tenía que vigilar que todo fuera bien… Dios mío. Como veía que no mejoraba, al final decidí acercarme a la enfermería del aeropuerto para que me atendiera un médico. Poneos en mi situación. Me estaba muriendo, necesitaba ayuda y estaba claro que mis amigas no me la iban a prestar. Así que me armé de valor y entré en la consulta acompañada de las jinetas del apocalipsis. No las podía dejar sueltas sin supervisión. El médico me atendió rápido y mientras le intentaba explicar qué me pasaba en un idioma que no era el mío, el séquito del mal daba vueltas por la consulta pasando el mejor día de su vida. Dalí ha pintado cuadros más realistas que aquella escena. Un despropósito. El médico las miraba y me miraba a mí no entendiendo nada. Pero cada vez que me acuerdo de aquello me provoca una buena carcajada.

Atentas a la frase que os voy a decir ahora: «La amistad es como la energía, no se destruye. Se transforma». Cincuenta y dos años he tardado en entender esto. La gente está empeñada en quitarse años, con lo importantes que son. Cada uno aprende una lección nueva. Para mí fue un descubrimiento aprender que la amistad es como el vino o como George Clooney. Es mejor conforme va pasando el tiempo. La edad te enseña a valorar los amigos que están y también a los que se van. Hay relaciones que se van distanciando poco a poco, simplemente porque vuestras vidas ya no tienen mucho en común. Puedes ponerte triste pensando que te has dejado a alguien en el camino. Yo prefiero guardar todo lo que he aprendido y recuerdos de esa persona y pensar que, simplemente, es diferente. ¿Veis? La amistad no se destruye. Se transforma. Al final, en vez de cómica resultará que soy filósofa.

También quiero hablar de las «amigas vitamina». Ya sabéis que si es algo que va a ser bueno para el cuerpo, yo estoy a tope con ello. Y este tipo de amigas son buenas para el alma. Son como cargadores rápidos de teléfono, te enchufas un rato a ellas y te da un subidón de energía con el que tiras el resto del mes. Te ponen luz donde había oscuridad. Como unos farolillos del Ikea, pero más bonitos y sin tener que montarlos tú.

Si tuviera siete vidas, en cada una de ellas elegiría ser actriz. Aparte de ser una profesión que me chifla, lo que ha hecho que nunca me planteara dejarla y presentarme a unas oposiciones a Correos ha sido la gente que me he ido encontrando. Pensad que tanto en el cine como en el teatro acabas conviviendo con personas que no conoces de nada. Adquieres un nivel de confianza tan elevado que te sientes más cómoda tirándote un pedo en la cara de los compañeros que delante de tu pareja. Por cierto, según la USA —Universidad Sílvia Abril— en una lápida romana del 400 a. C. se encontró la inscripción: «Por un pedus aquí me vedus». Se descubrió que en la antigua Roma la gente se «peaba» viva para no morirse de acumulación de gases. Así que, amigas, si te tienes que peer delante de tu pareja, te pees y punto. En el caso de los colegas en el teatro, yo ya no los llamo amigos, los llamo directamente familia. Si por mí fuera, la Nochebuena la pasábamos todos juntos en amor y compañía. Así, más de una y de dos se ahorrarían sentarse en la mesa con su cuñado y por primera vez les parecería de verdad una noche buena.

A pesar de tener cincuenta y dos años siento que la lista de amigos no deja de crecer y crecer. A estas alturas ya es kilométrica. Cuenta la leyenda que si pones a todos y todas mis amigas en fila puedes cruzar desde Galicia hasta Murcia sin tocar el suelo. A esta edad no esperaba tener amigos nuevos. ¡Fue una sorpresa! Pero de las bonitas, no de las que te llevas cuando abres la factura de la luz. Una con cincuenta y dos años espera tener el suelo pélvico regular y un círculo de amistad pequeño, pero muy cercano. ¿Y qué me ha enseñado la vida? Que no hay nada que no se pueda arreglar con una mente abierta y unas bolas chinas. He llegado a la conclusión de que mi corazón es como el maletín de la Barbie, que cabe de todo. Es verdad que esta mentalidad a veces puede jugarte malas pasadas y sufrir por gente que no merece la pena. Pero prefiero vivir conociendo todas las caras del amor que vivir escondida por miedo a que me hagan daño. Esta frase de sobre de azucarillo se puede aplicar a todo menos a las colonoscopias. Ahí no cabe todo.

Hace poco celebré las bodas de oro. No lo hice con mi marido, lo hice con mi amiga Esther. Nuestra amistad ha cumplido cincuenta años, y en vez de tener una relación seca y con pérdidas, goza de una salud estupenda. Nos conocemos desde los dos años. Para que os hagáis una idea, tenemos vídeos en Super 8 que nos grababa su padre cuando éramos enanas. Si tienes menos de treinta y estás leyendo esto: Super 8 era una cámara para filmar, no un ocho con poderes mágicos.

Nos conocimos un día antes de empezar el parvulario. No todo el mundo puede decir que tuvo su primera amiga de verdad antes de saber colorear sin salirse de la raya. ¡Soy una afortunada! Para mí es como la quinta Abril, que es como el quinto Beatle, pero con cero trazas de LSD en sangre.

Lo que no ha cambiado con el tiempo es lo que me gusta conocer gente nueva. Mi cuerpo se compone de agua, vísceras y ganas de hablar con personas que me dan buen rollo. Hablo mucho y con muchas. Si me transmites buena onda y tienes cinco minutos, los voy a aprovechar para contarte alguna cosa. Como los captadores de ONG, con la diferencia de que al final no te pediré el número de cuenta.

Una de las cosas que más me gustaba de vivir en un pueblo a las afueras de Barcelona era la proximidad de la gente. Por fuera parezco alguien acostumbrada a la ciudad, pero dentro de mí habita una señora que por las noches sale a tomar la fresca con una sillita de plástico. Sabéis ese tipo de personalidad, ¿verdad? Abierta, extrovertida, con ganas de conversar. Adoraba vivir en un pueblo porque todo el mundo me saludaba. Todos eran mis amigos, confiaba tanto en la gente que sabía que podía dejarme las llaves puestas en la puerta y no pasaría absolutamente nada. En el pueblo hay que fiarse. En todos los sentidos. Alguna que otra vez he ido a la frutería y he dejado a deber alguna compra. Por poco tiempo, al día siguiente iba a saldar mi deuda. Es verdad que los tomates están caros, pero una Abril siempre paga sus deudas.

He intentado contagiarle esta actitud vital a mi hija. Escribiendo el libro he recordado cuando Joana era pequeña. Veraneábamos en un pueblo y ella apenas tenía tres años. Nos íbamos a la plaza a tomar el fresco y le decía:

—¡Joana, vamos a jugar a un juego! Tenemos dos minutos para hacer amigos. La que más consiga, gana.

Me derretía al ver el desparpajo que tenía tan pequeña mientras intentaba entablar conversación con críos de su edad y más mayores. Creo que estoy haciendo un buen trabajo de adoctrinamiento. Además de ser más sociable que un comercial de aspiradoras y que se ha convertido en la enemiga número uno del aceite de palma, nadie puede negar que esa niña es mía.

# 8
# HE ECHADO A ALGUIEN
# DE UN CHAT FAMILIAR

Estoy en la cola del baño. Los que me conocen saben que no es ninguna novedad mi peregrinación continua a los excusados. Y el motivo no es realizar una lista de los *best* retretes *awards*. Ojalá. Es el boicot que sufro por parte de mi vejiga desde hace unos cuatro años. Creo que su enfado empezó con los hipopresivos y siguió creciendo gracias a los veinticinco kilos que gané con mi primer y único embarazo —todavía lo recuerdan en el súper de mi barrio, porque nunca antes habían agotado todas las existencias de crema de cacao—. Con tanto tute, la pobre vejiga se sintió amenazada y desde entonces hace una huelga de brazos caídos. Bueno, más bien de conductos caídos —prohibido imaginársela, POR FAVOR—.

Y sí, he probado de todo. Bolas chinas. Nada. *Joystick*/videojuego. Nada. Cremallera de doble cara. Nada de nada. Así que, como ya sabéis, cada día me siento más cerca de mi querida Concha Velasco.

Pero mientras hago cola en la puerta de algo que podría ser el baño de mujeres —la silueta que hay en la puerta no lo deja NADA claro, pero este es un tema del que habrá que hablar en algún otro momento—, aprovecho para leer la gran novedad del año, por fin Whats-App nos dejará abandonar conversaciones sin que nadie se dé cuenta. Mucho han tardado en inventarse lo de la salida por la puerta de atrás, conocida como la salida silenciosa. Que aunque tenga nombre de peli porno, nos hubiera ahorrado un montón de disgustos a unas cuantas. La de veces que hemos fantaseado con podernos pirar del típico chat pesado que tenías silenciado desde hacía UN AÑO para que tu ansiedad no se descontrolara. O si no, aún mejor: ¿quién no ha soñado con que abandonara el chat familiar algún pesado? Claro, claro… Vosotros nunca. Pues estos deseos están a la orden del día, y quien diga lo contrario MIENTE. Es más: yo confieso que he fantaseado con la idea de poder hacerlo incluso en la vida real. ¿Os imagináis? Zas, meneíto del dedo índice y vuestra cuñada y su libro de recetas saludables con la Thermomix derechitos pa su casa. Oh, qué gusto. Vale, quizás tenga la mecha muy corta, pero uno de los defectos de madurar —por no decir de hacerse mayor— es que una ya no está para según qué tonterías.

La cola avanza. Ya solo me quedan dos chicas delante. A favor diría que tienen pinta de vejiga XS, pero a la contra, que lucen pantalones *jegging* de los que se te hacen bola por debajo de las rodillas. Desde lejos oteo los baños de chicos. Están vacíos. La duda y la rabia se apoderan de mí. ¿Me aventuro a lo desconocido y me arriesgo a tener que entrar en los suyos haciendo saltitos para evitar los charcos, como si estuviera jugando a *El suelo es lava?* ¿O mi vejiga y yo hacemos un pacto de no-tsunami y esperamos a que nos toque?

Piip-Piiip. Recibo un *whats*. Es del chat de padres del cole. Oohh... Sin querer se me ponen los ojos en blanco ¡Qué pereza! Estoy por entrar y bombardearlo con *stickers* a ver si me echan ellos a mí. Oh, eso sería un sueño. Pues mira tú por donde voy a aprovechar este fantástico espacio que me brinda HarperCollins, mi maravillosa editorial, para aclarar públicamente que quién quiera echarme de un chat, que no se corte, que lo haga. Primas, vecinas de escalera, amigos invisibles de trabajos pasados, despedidas de soltera de amigas que ya se han divorciado, atended: ECHADME. Contáis con mi beneplácito. También os digo que seguramente ni me daré cuenta, y que para cuando lo haga, habrán pasado mínimo dos o tres meses. Para entonces seré incapaz de recordar de qué era el chat, quién había en él y por qué demonios estaba yo. ¡Qué más da! Será por chats.

Ya casi me toca entrar. Me impaciento y mi vejiga se da cuenta, mierda. Opto por desabotonar los botones. No, no, no. Mala idea. ¡Ha empezado a chispear!

Piensa en otra cosa, piensa en otra cosa. Piiip-Piiiip. *Whats* de mi excuñado en el chat familiar. Uy, esto me va a venir fenomenal. Huelo el drama ajeno y eso hará que mi córtex prefrontal ande despistado un rato y, en consecuencia, mi amiga la veji.

Abro el mensaje y leo:

> ¿Os venís al cine?

Al segundo, en el chat paralelo que nos tuvimos que hacer TODA la familia porque el tonto a las tres no quiso abandonar el familiar, aparecen cinco mensajes de golpe:

> ¡Se ha equivocado, se ha equivocado!

La chica que había dentro ha salido. Dios, se me acumula el curro: mear y WhatsApp a la vez. Decido ir a por todas. Soy mujer, soy Aries y puedo con todo. Bueno, con casi todo… No contaba con que el baño tendría una luz con sensor de movimiento. ¿Quién en su sano juicio pensó que era una buena idea poner uno de estos en un baño? Pero ¿cómo mea esta gente? ¿Bailando la yenka? Aun así, voy con todo.

Primero, con un rápido juego de dedos y muñeca me deshago del primer impedimento: la ropa. La taza la intuyo limpia, pero decido no practicar deporte de alto riesgo y evito sentarme. Opto por la cómoda postura conocida con el sobrenombre de la sentadilla eterna. Por fin mis clases de *fitness* sirven para algo. Con esta posición me permito sostener mi móvil, poniendo mis codos sobre las rodillas y procedo a contestar al chat familiar:

> Este tío es tonto.

Clic. La luz se ha apagado.

Con una leve flexión de rodillas ondeo mi pandero arriba y abajo esperando que el dichoso sensor detecte el movimiento.

Clic. La luz ha vuelto.

Miro el móvil. Diez *whats* nuevos: mi madre, dos de mis hermanas… «Joder, que entregada está mi familia», pienso.

> Tía, que te has equivocado de chat.

> Sílvia, borra el mensaje, por Dios.

> Hija, la has cagado.

Las madres animando como siempre. Cuando las llamas porque las necesitas tienen el teléfono en silencio, pero cuando pueden meter cizaña, su sentido arácnido se activa y son las primeras en comentar el desastre.

Mecagoentoloquesemenea.

Espero que el susodicho no esté mirando el móvil.

Clic. La puñetera luz de nuevo.

Vuelvo a ondear mi orgullo y la luz vuelve otra vez.

Intento deshacer el entuerto. Voy a eliminar el mensaje, será lo mejor. El desplegable me pregunta si lo quiero eliminar para todos o para mí. Qué pregunta más tonta, PARA TODOS, JODER. Pero cuando mi dedo se dispone a apretar la única opción correcta... clic, la lucecita de marras.

Empiezo a notar que quiero llorar. Pero no, eres fuerte, tía, estás gestionando la situación de puta madre y el mensaje ya aparece eliminado en mi *timeline*. Respiro tranquila e incluso me permito gozar del final de mi actividad renal cuando de repente... cinco nuevos mensajes.

¡¿Pero por qué no lo borras?!

¡Tía, tía, tía, tía putobórralo ya!

Hija, pareces yo con el móvil.

Reviso el mensaje y, oh, sorpresa, solo LO HE BORRADO PARA MÍ. Lo que hace imposible que ahora NADIE en este mundo, salvo el señor Mark

Zuckerberg, que debe estar en su casa de Hawái contando *bitcoins,* pueda hacer nada.

Clic. NO ME JODAS, ahora nooooooo…

Decido incorporarme y agito el móvil pidiendo clemencia.

Gracias a la luz del fluorescente me veo en el espejo del baño. La imagen que me devuelve no me hace sentir nada orgullosa. Pero no te despistes, tienes un DEFCON 2 en el chat familiar y debes resolverlo. Te quedan pocas opciones, eso sí. Pero sabes que solo una es la correcta. A tomar por culo.

Lo he hecho: he echado a mi excuñado del chat familiar.

Me siento victoriosa. Oigo a mis hermanas desde su casa jalear mi nombre: «Sílvia, Sílvia, Sílvia…».

La cosa ha salido bien. ¿Veis como podía con todo? Soy la hostia.

Clic. Incluso me la pela que se haya apagado la luz, y en un gesto de insurrección alzo los brazos sabiendo que soy la puta ama, cuando una luz me ciega.

Mecagoentoloquesemenea.

Con tanto lío entre manos me había olvidado de echar el pestillo de la puerta. ¿Hay algo peor que te pillen meando en el baño? Sí. Que te pillen meando, con los pantalones por los tobillos, ondeando un iPhone en la mano y que encima te digan:

—¿Eres Sílvia Abril? ¿Nos hacemos un *selfie?*

Vamos, no me jodas.

# 9
## SÉ LO QUE ESCONDEN
## LAS VACACIONES FAMILIARES

Ha pasado lo que tenía que pasar. Y no será porque no lo he intentado evitar. Bueno, evitar. Esquivar. La culpa la tienen los niños que se vienen arriba y nos lían a los mayores. Buf, me da hasta miedo decirlo. Bueno, miedo. Acojone. Es de esas frases que cuando las pronuncias se te pone una mueca en la cara que no sabes si es una sonrisa o un medio paralís que te ha dado. Va, échale un par de ovarios, Abril. Os lo cuento, ¿eh? Voy p'allá: nos vamos de vacaciones en familia.

Dios, otra vez el sudor frío...

Nos vamos de *holidays* los Abril. Sí, sí, como lo oís. Nos vamos todos. Abuela, hermanas, cuñados, sobrinos adolescentes, videoconsola, bicis, gatos, perros y, por qué no decirlo, alguna perra también. Hala, todos bien junticos vamos a meternos en una casa del Empordà una semana entera. ¡Todos revueltos bajo el mismo techo! Pero si no lo aguantan ni los de *Gran Hermano,* cómo lo vamos a aguantar nosotros. ¡Y eso que ellos cobran un pastizal! La gran diferencia con el formato televisivo es que, en esta ocasión, me temo que todos imploraremos por abandonar la casa los primeros. ¡Habrá hostias!

El plan original de las vacas era irnos lejos, rollo coger avión, pasaporte, maletón, etc. Pero en un momento de máxima cordura dije:

—Chicos, mejor algo más cerquita.

«Vaya a ser que tengamos que volver antes», pensé yo. Prefiero ser precavida porque este plan tiene más aristas que el Guggenheim de Bilbao. No lo veo del todo claro...

Antes de continuar vaya por delante que adoro a mi familia y que creo que soy una suertuda. Las cosas como son. Pero a modo de titular, este plan acojonaría a cualquier ser humano porque suena cuanto menos dudoso.

El primer punto en el que tenemos que ponernos de acuerdo es en escoger la casa. Aquello parece la asamblea de Podemos. Hay incluso algún intento de apuñalamiento por la espalda. Lo que os decía, igualitos que los de la formación morada. Son muchas las condiciones que debe tener el espacio para contentar a todo el mundo: no sé cuántas habitaciones dobles, que si piscina, que si pista de pádel cerca, que si rutas en bici, que si bidé —no revelaré el nombre de quién me lo pide para salvaguardar su dignidad—. Vamos, que yo creo que ni la casa de Jeff Bezos es un lugar óptimo para esta familia. Menudas exigencias.

Para mí, el punto más importante es que sea Guggenheim, básicamente para no cruzarme ni con el tato. Entendedme. A la gente normalmente cuando tiene tiempo libre le encanta estar rodeada de personas. A mí me pasa al revés. Me paso el año rodeada de un montón de peña y en vacaciones no quiero verme ni a mí misma. Por eso he urdido un plan. Soy la doce de *Ocean's Eleven*. Por cierto, ¿os imagináis respirar el mismo aire que Brad Pitt? Fuah, jodería todos los planes porque estaría embobada con él, babeando todo el día. Bueno, lo que os digo: mi plan. Dejo caer, a modo de miguitas de pan, el rumor de que hay un posible rodaje que quizás arranca de inmediato. No es verdad. Con estos calores no rueda ni cristo. Pero yo necesito un salvoconducto si al segundo día comienzo a mirar los cuchillos de la cocina con cierto cariño. Por si aca.

Este año tenemos un nuevo aliciente: estrenamos cuñado. Es compartiendo techo que descubres cómo son las personas de verdad. Así que esta es su prueba de fuego, a ver qué nos parece. También os digo que lo tiene fácil para superar al anterior, con que dé los buenos días ya nos tiene ganados. Tiene un inconveniente: es británico. Bueno, ese no es el problema. El conflicto viene porque nadie quiere subirse en el coche con él. Así que entre eso y su extrema puntualidad, el pobre está solo la mitad del tiempo.

Otro hándicap importante es cómo se reparten los gastos familiares. Esto trae más dolores de cabeza que el primer día de regla. Atención, ya os aviso: es muy difícil ser ecuánime. Por un lado están los desayunos. Yo no sabía que había tantas opciones para desayunar, por el amor de Dios. Que si café en cápsulas, que si mejor en grano y molerlo, que si leches vegetales. La mejor opción, la de mi cuñada: ayuno intermitente. Esa sí que lo pone fácil. Aunque, claro, ya avisa de que quiere una rebaja de su parte a pagar porque no hace el mismo gasto. A lo que mi cuñado le dice que sus no desayunos se compensan con sus buenas copas de vino para cenar. Y ya la tenemos liada. Ríete del antiguo *Sálvame Deluxe*. Eso era un juego de niños comparado con el encarnizamiento que se gastan en mi familia. Y, cuidado, mira que yo puedo presumir y presumo de que la mía es majísima y ejemplar y que, por supuesto, la adoro. Por suerte, creo que freno la discusión a tiempo. Pero soy consciente de que es un *hiatus* temporal. Se volverá a liar la marimorena cuando llegue la pregunta de verdad. La decisión de las decisiones. Lo que verdaderamente divide España y no los políticos: ¿tú qué prefieres, Nocilla o Nutella?

Yo soy la encargada de los juegos de mesa. Me chiflan. Tengo un montón de opciones: para mayores, para niños, para los que se hacen los dormidos cuando propones jugar a algo. Para todos. Este año vengo fuerte con el juego de la temporada: Lobos. Sé que va a ser un éxito, porque podrán hacer realidad uno de sus deseos más oscuros: matarse entre ellos sin que haya consecuencias graves. El sueño húmedo de cualquier cuñado.

Otro foco de conflicto es repartirse las tareas de la casa durante esos días. De forma muy casual y pillándonos casi a todas por sorpresa, las labores domésticas son adjudicadas a miembros femeninos de la familia. ¡Menuda sorpresa! Qué raro, ¿verdad? En cambio, las tareas más duras y pesadas como sacar la basura, hacer fuego para la barbacoa o reservar restaurantes les toca a los miembros macho. Y que nos llamen a nosotras el sexo débil, manda ovarios...

En toda familia de bien —y en la mía no podía ser de otra manera— hay uno de los miembros que tiene un don especial. Algo que lo hace único. Algo que pone de acuerdo a la humanidad en quererlo aniquilar. Estoy hablando de aquel que fue concebido a toque de varita mágica con la capacidad de roncar por encima de lo permitido por la ley. El orco entre los orcos. El típico de «yo no ronco, respiro fuerte». Claro, claro, Dyson... Y yo no engordo, me redondeo al alza, nos ha jodido. Pues bien, es en el único punto de todos los acuerdos donde no ha habido discusión alguna: lo vamos a poner a dormir a tomar por culo. En la habitación más apartada posible de la casa. En aquella que casi tengas que cruzar la frontera para poder llegar. Y espera, que todavía lo escucharemos.

Otro de los puntos en ponernos de acuerdo y, sobre todo por el bien de la familia —que os recuerdo es maravillosa de las maravillas y que la amo con todas mis fuerzas—, es que cierto miembro tiene una orden de alejamiento de la cocina. No queremos ni que la mire de lejos. Es la típica de «ah, esto lo hago yo en un minuto». Claro, y ya sabemos por qué, porque lo haces mal. No cocina, deconstruye. Y no en plan Ferran Adrià, en plan demoliciones Manolo. Así que haga el favor de mantenerse alejada de la cocina. Todavía recordamos cuando propuso hacer bocadillos para una excusión y cuando estábamos en medio de la montaña dispuestos a comer, la tía, con todo su papo, sacó unas barras de pan que partió con las manos y nos agenció un trozo de chorizo a cara perro a cada uno. Viene directa de las cocinas de *Masterchef*, como podéis ver. Yo creo que era ella quien organizaba las cenas con el embajador en casa de la Preysler. Toda delicadeza.

Otra cosa que acordamos es que debemos compartir actividades. Para relacionarnos, pasar más tiempo juntos y acabar odiándonos mejor y con conocimiento de causa. Yo pongo a disposición de todos la posibilidad de compartir mis clases de *crossfit*. De momento, nadie se quiere sumar. Qué raro... supongo que el hecho de que el último miembro que lo intentó acabó en urgencias no ayuda. No da buena publicidad. Os confieso que estoy encantada. No existe mejor repelente de humanos que el dolor y el sudor. Por eso Rambo siempre acababa solo.

Un punto importante y novedoso de este año es que dejamos claro que queda terminantemente prohibido organizar cenas temáticas. Pasamos de vestirnos como mamarrachos con los pareos y las toallas haciendo ver que estamos en Hawái porque a la *pizza* le han echado piña. Además, creo que es un movimiento sabio teniendo en cuenta el nuevo cuñado. Nos vemos cenando salchichas con alubias a las cinco de la tarde. ¡Estamos locos!

Bueno, quedan poquitos días para el encuentro. Estamos supernerviosos. Más bien ansiosos, del rollo ansiolítico, para qué nos vamos a engañar. Al final, sabéis qué, que lo mejor y lo peor de las vacaciones va a ser lo mismo: por fin tendremos tiempo para estar en familia. Y si sale mal, el año que viene nos vamos lejos, pero no puedo asegurar que no me equivoque con algún número de pasaporte y más de uno se quede en tierra. Suerte que adoro a mi familia...

# 10
## ¡CAMBIOS DE *LOOK!*

Una de cada dos mujeres nos hacemos algo en el pelo cada vez que lo dejamos con alguien. Bueno, no lo sé. Es una estadística que he sacado de la USA —ya sabéis, Universidad Sílvia Abril—. Quién no lo ha dejado con su pareja y ha pensado: «Necesito olvidarme de esta persona, lo mejor para pasar este duelo va a ser: ¡cortarme el flequillo!». Vale, es raro, pero situaciones desesperadas requieren medidas desesperadas. Yo cada vez que lo he dejado con algún ex me he hecho algún cambio en el pelo. No me preguntéis por qué, pero tenía la esperanza de que con cada tijeretazo desapareciera por completo el dolor que estaba pasando en aquel momento —*spoiler:* no es así—. Pero mirarte al espejo y ver que algo es diferente puede ser el inicio del cambio, ¿no? Mechas nuevas, vida nueva o como me gusta decir a mí: «¡Hola, flequillo; adiós, novio pardillo!».

Esto de cortarse el pelo cuando tienes un desengaño es una costumbre muy antigua, supongo que empezó en el Paleolítico. ¿Os imagináis a esa mujer prehistórica el día que se dio cuenta de que estaba saliendo con un hombre de Cromañón? Tajo con el sílex y a seguir con la vida.

Os voy a ser sincera: no siempre he necesitado un desengaño amoroso para cortarme el pelo. También lo hago cuando no sé solucionar algo de mi vida. Yo que sé, a veces una no tiene tiempo de ir a terapia y es más rápido ir a la peluquería. Es verdad que solucionar no soluciona nada, pero me he divertido mucho mirándome al espejo. Creo que un cambio de *look* es una manera de enfrentarse a la vida. Hay gente que prefiere cambiar la distribución del salón, o peor, hacer *crossfit*. Son estilos…

A veces encuentras más adrenalina en una peluquería que en el Dragon Khan. Pocas cosas se pueden comparar al tijeretazo y saber que no hay vuelta atrás. Ahora que lo pienso, en los parques de atracciones debería haber una atracción que simule que te cambias el peinado de forma radical. Si tienes un parque temático, y estás leyendo esto, te acabo de dar una idea millonaria. De nada.

Una vez tuve un novio que era del PP, sí, lo confieso. Me puse las puntas de color azul por afinidad cromática. Estaba segura de que le gustaría. Estuve con él una semana y lo mandé a freír espárragos. No porque no le gustara mi pelo, es que no le gustaba mi profesión. Quería que dejara el teatro. Pedirme a mí que dejara el teatro era como pedirle a él que dejara de ser un cretino. Imposible. Me quité las mechas y a un estorbo en mi camino. Menos mal que nunca me dio por hacérmelas de color verde…

Lo bueno de los cambios de *look* es que pueden salir muy bien; lo malo es que pueden salir TERRIBLEMENTE MAL. Una vez estaba triste y me levanté con ganas de un cambio. Solo había un problema: era domingo. Así que me vine arriba y decidí cortarme el pelo con las tijeras de la cocina. No sé por qué me pareció una buena idea. La madre que me parió, parecía una oveja esquilada por un señor con cataratas. Solo os diré que ese día había quedado con mi amiga Nuria para ir al cine y, al verme, se le quedó la misma cara que pones cuando ves la primera cucaracha del año.

—¿Qué te ha pasado? —me preguntó.

No recuerdo mi respuesta, pero con un pelo así no hace falta decir mucho. No puedo afirmar que estuviera orgullosa del pelo que lucía, pero sí de mi amiga. Porque una amiga es como el algodón, no engaña. Y si la has cagado con el pelo, te lo dice. Con tacto, pero te lo dice. Así, la próxima vez que estés enfrente del espejo del baño con las tijeras con las que limpias los boquerones en la mano, repítete a ti misma: «¡Mejor llama a tu amiga Nuria!

A mí siempre me han fascinado las personas que se dedican a la peluquería. Saber cortar y peinar bien es un arte. Se necesita gracia y talento. Y yo no lo tengo. O al menos para ese cometido. Os pongo un ejemplo: hace un tiempo le pregunté a la peluquera del programa *La recepta perduda* cómo podía mantener el flequillo de mi hija Joana. Le crece tan rápido que en dos días parece un chucho de esos con flequillo, un yorkshire terrier. En principio parecía fácil, solo necesitaba dos cosas: una moto de afeitar y a Joana. Una vez conseguidos los ingredientes principales de la receta me puse con su elaboración. Tenía que ir pasando la moto poco a poco por el filo e ir dejándolo recto. Sencillo, ¿verdad? Cogí a la niña, cogí al flequillo, cogí valor y cogí la moto. Y lo hice con cuidado, pero sin miedo. Me sentía bien, decidida. ¡Mecagoento! Cuando acabé le había dejado a la niña el flequillo en cursiva. Y como el primer resultado no se podía calificar como bien acabado, me decidí a darle otra pasada, con un par de ovarios. Solo os digo que ojalá el desastre estético se hubiera quedado en un flequillo excesivamente alto y un poco irregular. Hubo daños colaterales graves. Cuando paré la moto me di cuenta de que con el movimiento de muñeca me había llevado por delante ¡las cejas de mi hija! Se las había afeitado enteras. Me quería morir. Aunque ese día Joana aprendió una gran lección de vida: los estudios son importantes. Nunca dejes que te corte el pelo una persona que no tenga un título homologado. Y si es tu madre, menos.

A ver, se puede vivir sin cejas. Lo sé por experiencia propia. Cuando era niña yo también estuve una época sin cejas. No por decisión de mi madre, cabe decir, sino porque desarrollé una especie de tic que me daba por arrancarme los pelos. Así era la miniAbril, rara. Lo hacía a todas horas, incluso por la noche mientras dormía. ¿Sabéis la depilación con hilo? Pues yo me hacía la depilación al dedillo. Me gustaba tanto esa sensación que llegué a quedarme sin cejas. Como Bella Hadid, pero en este caso no era para nada bella. Mi madre estaba tan desesperada que me ponía a dormir con manoplas para que no me pudiera arrancar los pelos. Las cerraba con cinta de carrocero y me acostaba. Todo esto es completamente verídico. La imagen es de ole: una niña de ocho años sin cejas y maniatada en la cama. He visto películas de terror que dan menos miedo que esta escena. Mi madre por aquel entonces estaba criando a dos niñas preciosas y a la niña del exorcista.

Aquella manía se me fue pasando y fui recuperando mis cejas poco a poco, aunque de aquella manera. Porque todas sabéis que cuando te arrancas un pelo el que sale después sale con más brío, más fuerte. Yo pasé de no tener pelo en las cejas a tener alfileres. ¡Ojo! Qué tener las cejas fortalecidas tiene sus ventajas. ¿Quieres cerrar el pan de molde y has tirado el alambre? Pelo de ceja. ¿Joana quiere pintar, pero no encuentra pincel? Pelo de ceja. De hecho, si no hubiese sido actriz, mi otra opción era ser arqueóloga, porque el pincel de excavación ya lo llevaba incorporado. Soy una mujer optimista y hay que ver las ventajas cuando una las tiene delante. O encima de los ojos, en mi caso.

El pelo es una constante en mi vida. Nací con mucho —mi hija también. Con tanto que la llamaban Peluquitas— y creo que por eso, desde que era pequeña, lo he llevado corto. O como se decía antiguamente, como un niño. Pensad que soy la mediana de tres hermanas y en esa época mi misión era llamar la atención. Así que, qué mejor que ser un niño para que me hicieran caso. Un plan sin fisuras. Iba al peluquero con mi padre. Él siempre quiso tener un hijo, así que creo que el hombre pensaba «si se lo corto mucho, igual la puedo llamar Silvio». Vamos, que yo inventé el *mullet,* antes de que lo pusiera de moda Héctor Bellerín.

Todas sabemos que, por decirlo de una manera suave, la adolescencia es una etapa de inconsciencia estilística. Creo que si con quince años no podemos conducir, no deberíamos ir a la peluquería sin autorización de un tutor legal. En caso contrario te pasa lo que me pasó a mí: el flequillo de vasca. No puedo mirar las fotos de cuando era joven y no preguntarme: ¿fui de la *kale borroka* y no me acuerdo? Vale, que era lo que se llevaba. Porque cuando eres joven haces las cosas porque se llevan, no porque tú quieras. Nadie dijo que la adolescencia fuera fácil. Necesitas formar parte de algo, aunque ese algo sea el club de los peinados horteras.

Esto es lo que más me gusta de ser una mujer adulta. Que ahora las cosas las hago porque quiero, no porque necesite la aprobación de otros. Ehem, ehem... A no ser, que necesite cambiar de *look* porque la dirección artística de una serie, película u obra de teatro me lo pida. Ahí la cosa cambia. Porque soy adulta y dueña de mis decisiones, pero en esta profesión u obedeces o hay trescientas como tú, o mejor. Así que a veces tu estilo no te pertenece y tienes que hacer pequeños sacrificios. Para *Spanish Movie* me tuve que teñir de rubia. No parece un sacrificio muy importante, pero cuando el tono de tu pelo es negro pulmón de señor que lleva fumando puros desde parvulitos, la cosa cambia. Me tuve que decolorar la cabeza entera para poder ponerme rubia. Cambié mi pelo fuerte y negro por esparto. Si trenzabas varios mechones, te podías hacer unas esparteñas divinas para el verano, porque el pelo se me caía a *puñaos*. Acariciar una piedra pómez era más suave que meter la mano en mi cabeza. Ni lavándome el pelo con una garrafa de aceite de oliva podía hidratar semejante desastre. Cuando acabó la película pillé la máquina de afeitar y me rapé. Pensé que me quedaría como Sinéad O'Connor, aunque en realidad me parecía más a un kiwi. Pero era comodísimo. Pensé: «¡Qué suerte tienen los tíos que pueden hacer esto!». Desde siempre hemos asociado el pelo corto a no ser femeninas. ¿Qué nos pasa? ¿La comodidad no es para nosotras? En ocasiones una no quiere pasarse dos horas en el espejo y prefiere invertir ese tiempo en algo mejor: como rascarse el culo por las mañanas. Así que si os estáis planteando cortaros el pelo, os animo a que lo hagáis. Os merecéis hacer lo que os dé la gana, os vais a ver guapas igual y, si no os gusta, ¿sabéis qué? El pelo crece. Os lo digo yo que he dejado a mi hija sin cejas y sin flequillo.

Recuerdo que en la época de *Homo Zapping* hacía tantos personajes diferentes que era imposible que fuera mi pelo, así que tenía que ponerme pelucas. Es curioso, porque cuando me veía con un peinado que no me pertenecía, sentía que mi personalidad desaparecía y entraba la del personaje. Era ponerme la peluca de una presentadora de un programa matinal y sentía que tenía ganas de volver a liarme con mi ex, el pepero. Qué extraño, ¿verdad?

Ya sea por trabajo o por cuestión personal, me lo he pasado muy bien jugando a ser diferentes Sílvias. He pasado por todos los cortes y colores que os podáis imaginar. Siempre he pensado que mi pelo era un lienzo. A veces el resultado podía ser maravilloso, otras el lienzo parecía que lo había pintado un mono con el pincel en el sobaco. Pero la suma de todo es lo que me ha traído a ser la Sílvia Abril del presente. Y estoy agradecida por ello. Menos a la que se cortó el pelo con las tijeras de la cocina. A esa se la tengo jurada... Y creo que Joana, también.

# 11
## SOY WILLY FOG
### Y ME CHIFLA VIAJAR

Cuando me preguntan cuál es mi «lugar en el mundo» me es casi imposible elegir. He tenido la suerte de conocer tantos sitios que es superdifícil quedarme solamente con uno. Viajaría por todo el planeta, recorrería países una y otra vez, conversaría con gente de todos los rincones… El alma se llena y la cabeza también. Es una flipada lo que se llega a aprender viajando. Por mi trabajo, he sido afortunada de dar más vueltas que una brújula estropeada y he podido conocer personajes muy curiosos. Curiosos por decirlo de alguna manera. Básicamente, podrían salir todos en un capítulo especial de *Callejeros viajeros*.

Viajar es para mí saciar mi necesidad de tachar destinos de una lista. Soy muy de hacer listas. Listas de países para visitar, ciudades dentro del país, luego qué visitar de cada ciudad, actividades para hacer e ir eliminando para tener la sensación de que estoy conquistando más terreno que el Imperio otomano. De hecho, para mí la preparación de un viaje ya empieza siempre con una lista: calcetines, bragas, vestidos, sandalias, bolso paja —pega con todo—. Al final, acabas llenando una maleta de veinte kilos para acabar usando los mismos *shorts* todos los días. Es que son tan cómodos…

Hace tiempo me compré un mapamundi para ir marcando los países que íbamos visitando. Mi sueño es poder ver el planeta entero. Y no en ochenta días como Willy Fog. En más, muchos más.

Durante los doce años que pertenecí a la compañía de teatro Els Comediants tuve la oportunidad de actuar en la calle en casi medio globo: Europa, Colombia, Venezuela, Argentina, Uruguay, Marruecos, Emiratos Árabes… La suerte es que como era un alma libre, si había algún sitio del que me enamoraba, aprovechaba la gira para alargar unos días y seguir disfrutando. Me sentía libre como el viento dejándome llevar por él. Y sin bragas de repuesto, ¿eh? Qué osada es la juventud. Ahora alargar unos días implicaría, como mínimo, comprar Reflex para la rodilla, Dormidina para conciliar el sueño y buscar bragas de algodón, del bueno, claro. Improvisar, con la edad, parece algo imposible. Ahora estoy en otra fase de mi vida. En especial porque viajo con mi familia y para ellos improvisar es solo una palabra del diccionario. Moverse con este par es como ir a cámara lenta. Para que os hagáis una idea es como darle Diazepam a un oso perezoso en fase de hibernación. Viajamos en *slow* mo mo mo. Que si una siestecita en el hotel, que si esta noche nos quedamos descansando en la habitación. ¡Vaya par de chochones! A veces me gustaría ponerlos a velocidad por dos, como las notas de voz de WhatsApp. ¡Me hierve la sangre!

Yo soy de comerme el mundo y mi familia es más de comer *pizza*. Mis esfuerzos de dinamización de mi pequeño grupo turístico con actividades múltiples son en vano. Me iría mejor con un grupo del Imserso. Debo reconocer, por si no lo habéis deducido ya, que soy un poco hiperactiva. No lo puedo remediar, me encanta, soy feliz. Creo que si alguna vez me pierdo me encontraréis en algún país africano: Tanzania, Kenia, Madagascar... y, además, allí hay jirafas, mi animal favorito. Solo hay una pequeña cosa que me lo complica un poco, nada, un ínfimo detalle: para llegar a estos países es preciso coger un avión y yo, lo confieso, no puedo con las normas de los aviones. No sé qué pasa en mi cabeza cuando entro en uno, que emerge dentro de mí la rebelde sin causa que llevo dentro. Según fuentes muy cercanas a mi persona, y cito textualmente: «la tía amable, social y colaborativa que es Sílvia, cuando entra en contacto con la normativa aeronáutica vigente, se le pela un cable y se convierte en otra persona. Otra persona, concretamente peor». Y es cierto. Lo reconozco. Es oír el tono monótono de auxiliar de vuelo:

—Por favor, pongan sus asientos en posición vertical y cierren su mesita delantera…

Y automáticamente salta el piloto —nunca mejor dicho— automático de la malota que hay en mí, que repite una y otra vez en voz baja «no me da la gana, no me da la gana». Es acción reacción: «Suban la ventanilla. No me da la gana». «Abróchense el cinturón. No me da la gana». «Haga lo que le digo. No me da la gana». Y así hasta llegar al destino.

Un día tendré un problema y de los gordos. No sé por qué me pasa, pero me vuelvo insoportable y tengo que cuestionar toda autoridad que intente imponerme una norma. Es decir, me convierto en una adolescente. En lugar de granos tengo canas y en lugar de enfadarme con mis padres me cago en la madre que parió a la tripulación de vuelo. Bueno, y de tierra también.

Mira que lo siento, pero a ver, amigas, no podían ser todo bondades lo que saliera de este cuerpecito. Intentad evitarme en un vuelo y listo. Debéis reconocer que ellos me lo ponen fácil. Ya en el aeropuerto empieza nuestro paseíllo de la vergüenza: que si quítese el cinturón, que si para qué quiere la señora una crema de quinientos miligramos de Gine-Canestén. Pues, mire, porque tengo hongos en el chirri, ¿qué pasa? No me digáis que debo ser educada después de la humillación en el control del aeropuerto y, sobre todo, después de su poquitito de abuso de poder con la mierda de las medidas reglamentarias de la maleta.

Mira, es que es decirlo y brrrrr... Lo mínimo es rebelarme y no subir la mesita cuando lo requiere el piloto, en ese idioma ininteligible que solo entienden entre ellos. ¿Alguna vez alguien ha entendido a qué altura volamos, qué temperatura hace o a qué coño de hora vamos a llegar? Deben hacerlo en esperanto.

Quizás este cuestionamiento de las normas aeroespaciales se deba a que desde muy pequeña mis padres, hermanas y yo misma hemos viajado por España autogestionados. Y con autogestionados me refiero en autocaravana. Soy una chica de *camping*. ¡Lo adoro! Íbamos cargados como burros: millones de maletas, trastos, bicicletas, mascotas, neveras, barbacoas, parasoles, toallas y un juego de cartas, para movernos la friolera de veinte kilómetros, de Mataró a Sant Pol de Mar, que es la distancia que hay desde donde vivíamos adonde veraneábamos. En realidad, puede parecer un movimiento absurdo, pero, si lo piensas bien, irse de vacaciones a un *camping* es hacer un doble viaje. Por un lado, el viaje físico a la incomodidad —mola, pero confortable no sería— y por otro lado el viaje temporal que te pegas. Irse de *camping* es inevitablemente viajar a los años setenta. Es meter un pie en el *camping* y transportarse automáticamente a un universo con platos de latón, parasoles de colores y neveras de plástico con enchufes de doscientos veinte voltios. Es como pasar tu vida por el filtro valencia de Instagram, todo rezuma a transición. De repente tienes ganas de hablar más alto, no has cocinado en tu puñetera vida, pero te atreves con una paella para los veinticinco vecinos de tu parcela. Ole tú.

Una cosa importante que todo hijo de vecino debe saber es que si vas de *camping* has de cumplir el *dress code* que exige. No es complicado: camiseta de tirantes para el género masculino, vestido de toalla para las señoras y cangrejeras para los peques de la casa. Los niños pueden ir en porretas, pero no descalzos. Las madres no soportan ver a sus vástagos con los pies desnudos. No sé qué nos pasa, pero lo puedes ver chupar un enchufe que no te da tanto susto como verlo descalzo. Debe ser hormonal, no sé…

Otro aspecto a tener en cuenta en estos lugares es que no hay intimidad. Todo es comunitario. Como los probadores del Zara, que por mucho que tú corras la cortinilla esa siempre se te queda corta por uno de los lados. Es así. Amancio, te lo digo, primer aviso: nos tienes fritas. Estírate con las cortinas, copón, que me da a mí que no te viene de cinco centímetros de tejido. Pero regresemos a los *campings*. ¿Qué es lo más bonito de pasar un verano allí? Los recuerdos que durarán para el resto de tu vida. El levantarte a las siete de la mañana para coger sitio en la piscina. Las siestas con los ronquidos acompasados de tu padre y del vecino. Escuchar las noticias de la tele de al lado —todo eso que te ahorras—. Tener que inflar los colchones a plena pulmón con su consiguiente vahído. O lo mejor:

ducharte en comunidad. Es volver a casa y todo te parece un hotel de cinco estrellas. Agua corriente en tu propio baño; cama de látex de un tamaño humano, y sobre todo y lo más importante: poder ir al baño sin que tu vecino de parcela te vea asomar los pies por debajo de la puerta.

Ay, qué maravilla… No entiendo por qué no he vuelto a ir de *camping*. Se lo voy a proponer a Joana y a Andreu para el próximo verano. Verás cómo consigo que salgan del hotel la próxima vez que viajemos.

# 12
# HE PASADO DEL 69 AL 22

El otro día mi padre nos dio un susto. Nada grave, achaques de la edad. Pero lo suficiente para que pasara un par de noches en el hospital, con todo lo que eso comporta en mi familia. Yo no sé la vuestra, pero la mía parece haber sido entrenada por la CIA y tienen planes trazados delante de cualquier posible escenario. En cuestión de minutos, nos encontramos todas mis hermanas en el hospital, perfectamente sincronizadas y tan organizadas que ríete tú de Marie Kondo.

Viendo lo efectivas que son, no me extrañaría que tuvieran una libreta con planes preparados en caso de múltiples situaciones: plan de emergencia en caso de divorcio, plan en caso de enfermedad, plan en caso de avería en el hogar o, el más complejo de todos: plan en caso de cuernos. Por suerte, este último nunca lo he visto en práctica. De momento.

Solo habían pasado diez minutos desde que nuestro padre había puesto un pie en el hospital, y allí nos ves a todas, como si fuéramos el Ejército de Salvación, con todas las tareas repartidas: ya nos habíamos asignado quién compraba las botellas de agua en la máquina, quién traía los táperes con comida, quién recargaba la tarjeta para ver la televisión, e incluso, quién vaciaría el orinal en caso de necesidad. Y como no podía ser de otra manera, esa última me tocó a mí. Ya os digo que sé exactamente cuál de mis hermanas había sido la encargada de asignar los cometidos. La que se quedó con la complicada labor de recortar los cuellos de las botellas de agua vacías para utilizarlas como florero. Menuda pájara.

Nuestro padre estaba encantado de tenernos allí. Es de aquellas extrañas circunstancias que, a pesar de todo, por un breve momento, hasta estás casi contenta de que esa excusa nos haya reunido a su alrededor.

*Nota a la lectora:* tranquilas, no os habéis equivocado de capítulo. Os daré lo que habéis venido buscando, hablaré de sexo. Solo que necesito explicar el contexto. Ansiosas que sois, madre. Ya sé que parece un salto mortal. Y lo es. Pero como todo lo emocionante, valdrá la pena. Palabra.

Cuando el sueño y los medicamentos hicieron su labor y nuestro padre se quedó dormido con una tímida sonrisa en los labios, y las hermanas seguíamos enfrascadas en nuestras cosas, de repente sonó un móvil. Nos miramos entre nosotras, pensando que el teléfono que sonaba era de la otra. Pero ninguna se movía. Ninguna parecía reconocer el timbre que seguía insistiendo.

—Pero, bueno, ¿es que no lo vais a coger o qué?

—No es mío.

—Ni mío.

—El mío tampoco es. Debe ser el de papá —aseguré yo mientras empezaba a moverme por la habitación como si fuera una profesional de la *capoeira,* tratando de averiguar la fuente de emisión del pitido incesante—. Está aquí...

Lo dije convencida delante de la puerta del armario. La abrí y, con una mirada escaneadora, detecté que el zumbido provenía de la bolsa de mi padre. Y cuál fue mi sorpresa cuando, al hacerlo, de dentro saqué un incunable: un Nokia del año catapún, modelo concha. Os acordáis, ¿no? De aquellos que con el ímpetu del cierre siempre acababas haciéndote daño o pillándote los pelos. Una reliquia, vamos.

El tono de llamada me devolvió al presente y a la pregunta que todas nos hacíamos: ¿pero desde cuándo tiene papá este teléfono? Para cuando me giré hacia mis hermanas, el sonido había cesado.

Ahí empezó el mambo.

El enfermo seguía en el séptimo cielo mientras en la tierra cuatro glorias Serra se habían apoderado de nosotras. Las preguntas retóricas se sucedían sin parar:

¿pero, es este el móvil de papa o es que tiene dos? ¿Acabamos de descubrir que nuestro progenitor tiene una vida paralela? ¿Qué nos esconde?

Entre el olor de hospital y la cantidad de interrogantes, empecé a agobiarme, y yo no estaba dispuesta a seguir mucho tiempo en esa situación, así que fui directa a buscar la respuesta. Abrí el móvil con un movimiento top que pensé que había olvidado. Pero resulta que no, que abrir móviles antiguos es como ir en bici. El cuerpo sabe.

La seguridad en aquellos tiempos estaba sobrevalorada, así que tampoco hacía falta ser Snowden para llegar a la agenda: cero contactos guardados. ¡La madre que lo parió! Es un profesional de la hostia.

¿Sería un espía? Una versión añeja de James Bond, quizás. Alguien que tenía como arma secreta las pastillas Juanola, que no te matan, pero te joden la garganta unos segundos, y con esa distracción le daba tiempo de noquear al malo. Eché una mirada al susodicho roncando en la cama. Imposible.

Ninguna de nosotras entendía qué estaba pasando, pero tal vez estábamos a punto de descubrirlo porque el móvil volvió a sonar. Es curioso como cuatro tías maduras y seguras se convirtieron en cuestión de segundos en niñas pequeñas.

—¡Cógelo tú!

—¡No, tú!

—Ay, yo noooo. Tú, Sílvia.

Y claro, al ser como soy, cogí la llamada.

—¿Hola? —escuché al otro lado del teléfono.

Dios, era una voz de mujer. ¿Y si nuestro padre tenía una amante?

—Hola —dije yo con voy tímida.

Y para cuando volví a abrir la boca, la mujer ya había colgado.

Hagan sus apuestas, porque el juego había empezado. Con mis hermanas decidimos que escuchar esa voz femenina nos había dado algún tipo de permiso para poder revisar a conciencia el móvil de nuestro padre. Si nos engañaba, teníamos derecho a saberlo. Pero ¿lo teníamos? El caso es que las cuatro jinetas de la justicia divina se esmeraron a fondo para acabar descubriendo que, a pesar de la vidilla que nos hubiera dado, nuestro padre no tenía ninguna amante ni nada parecido. Era un cutre por llevar un móvil del año catapún y un vago porque no anota los nombres en la agenda. Nos llevamos una bajona, vamos.

Volví a mirar a mi padre. ¿Cómo había podido pensar que ese cuerpecito era capaz de mantener una relación a escondidas de todos? Y, lo peor, ¿cómo había podido pensar que nuestro padre todavía mantenía sexo?

Ya sabemos todos que esa imagen es algo que evitamos desde que somos niños. No podemos soportarla ni gestionarla, así que se va directa al cubo de reciclaje mental. También pensé que tampoco era tan extraño que en la tercera edad existiera el sexo. El problema en realidad era, ¿por qué yo andaba en horas bajas en el tema del fornicio?

Siempre hemos creído que con la edad el sexo desaparece. Y ahora que ya tengo la suficiente lo confirmo. Aunque más que desaparecer, pasa a un segundo plano. O a un tercero. O un cuarto… Podríamos decir que nos hace un *ghosting*. Pero lo bueno es que lo hace a lo Luis Fonsi, despacito.

Según mi psicóloga se trata de planificarse bien. Programar el sexo como si fuera la lavadora. Antes programábamos los lavados y ahora los polvos. Porque lo más importante es que el follar no se va a acabar.

Yo, con cincuenta y dos años, miro hacia atrás y me lo he pasado fenomenal sexualmente hablando. La diferencia es que ahora yo soy la que miro hacia atrás, y antes me ponían mirando hacia atrás. Antes me encantaba exhibirme y dejar todas las luces encendidas. Ahora me gusta más la oscuridad que a Darth Vader. ¡Ay, ven a mi lado oscuro! Y no es que no quiera que me vean, es que yo no quiero ni verme.

Cuando eres más joven el sexo no te da pereza, te da morbo. Y no necesitas ni velitas, ni musiquita, ni lubricantito… Por no necesitar no necesitas ni ropa interior *sexy*. Básicamente, porque te la arrancan en cuanto la ven. Cuando pasas de los cincuenta, la ropa *sexy* es tu peor enemiga. Es el Doctor No de la ropa interior. Te pones un sujetador escotadito, *balconette* lo llaman. Ahora entiendo por qué, y es que con tanto escote las tetas te hacen «balconing» y acaban precipitándose al vacío. Y por no hablar del tanga. No quiero entrar en detalles, pero cuando eres amiga de Hemoal, lo vuestro es imposible. Olvídate del hilito *forever*.

A pesar de todo, yo le pongo empeño y no pienso ceder, por eso organizo con mi pareja una cita romántica, aprovechando que la niña está de campamentos. Nos ponemos guapos, reservamos un hotelazo y para allí que nos vamos. Y nada más llegar, pero que no han pasado ni treinta segundos, bajo del coche y al ir a coger el bolso que estaba en el asiento de atrás, mi marido, el mismo que juró en la salud y en la enfermedad, arranca el coche atrapándome el pie debajo de las ruedas. ¿Pero qué tipo de mensaje es ese? Que si no quieres follar me lo dices, ¿pero atropellarme? He visto técnicas en el KGB menos agresivas, tío.

El pobre se bloquea y, oye, que ni para adelante ni para atrás. Y no es un eufemismo sexual, sigo hablando del coche y de mi pie aprisionado. Pues nada, a tomar viento la cita romántica.

¿Qué tipo de mensaje me está enviando el universo?

Quieres que me retire definitivamente, ¿no? ¿Que cierre mi ventanita del amor para siempre?

Como si no fuera suficientemente duro asumir que la que practicaba sexo como una diosa, ahora folla como un *ninja* para no hacer ruido. Que la que se moría por practicar posturas imposibles, ahora exige que le paguen el osteópata por adelantado.

De acuerdo universo, tú ganas: paso del 69 al 22. Me planto.

# 13
## HE SURFEADO LAS REDES SOCIALES

Del compuesto «redes» y «sociales» hay una parte que llevo superbién y hay una que supermal. La verdad es que el mundo digital me ha pillado ya un poco mayor. No soy precisamente lo que se dice una «nativa». No creo que ellos descubrieran hace dos días que no hacía falta poner https:// antes de Gmail para ver un correo, ¿verdad? Menudas risas mis sobrinos cuando descubrieron mi manera de «navegar».

—Tieta, no hace falta poner todo eso para entrar en tu correo.

—Ya lo sabía, pero soy una romántica —dije para disimular.

Me quedé muerta. Más que navegar parecía que estuviera escribiendo código para «hackear» al Pentágono. Pero vaya, que no es ninguna vergüenza no ser nativa digital. Hay cosas peores. Como decir: «Tomemos dos copas», ¿no?

Las de mi quinta hacemos lo que podemos, y sí, aunque nos ponemos nerviosas cuando se nos cuelga el iPhone y confundimos el botón de encender con el de hacer captura, no pasa nada. La frente bien alta y no olvidemos de dónde venimos. ¡Nosotras vivimos los primeros *bytes* de internet!

Las *boomers* recordamos el módem al que llamaban «de agujas» —aún no entiendo por qué, porque en la vida le di a imprimir y me salió un texto en ganchillo—. Ese ruido eterno e infernal a medio camino entre el sonido del fax, el de la fotocopiadora y el de una radiografía. Diez minutos para que se conectase a la «red» el ordenador. Si tenías suerte, era un Pentium; si tenías mucha suerte, un Pentium II; y si eras hija de Manolo el del Mono, como servidora, tenías un Spectrum heredado de tu prima Inés, que tardaba milenios en encender la pantalla. Una vez conectado —si tenías la suerte de que se conectara—, tardabas entre cinco y ocho minutos en abrir la página de entrada de Hotmail. El *mail* se descargaba línea a línea, había más misterio en aquella época. Por no hablar de cuando el adjunto era una foto con buena calidad. Por una imagen de tres megapíxeles podías ir a desayunar, hacerte las uñas y hasta la permanente antes de que se descargase del todo. Y cuando por fin tenías el correo descargado —todavía no los llamábamos *mails,* sino correos electrónicos— y la foto al noventa por ciento, llamaba tu tía Emilia y ¡se te jodía la marrana!

Todo al garete por culpa de que tu tía no recordaba la receta de las albóndigas de la abuela.

Nota a pie de página para *centennials:* sí, cuando llamaban a casa, se cortaba la línea de internet, porque estaba vinculada al teléfono fijo. Estamos hablando, literalmente, de la edad de piedra de internet.

Nota a pie de página, de la nota a pie de página para *centennials:* el teléfono fijo era un teléfono, pero que solo servía para hablar por teléfono. Sí, solo para hablar, ¿qué locura, eh? Y hablar es eso que hacéis en las notas de voz, pero en directo. Sí, estábamos muy locos por aquel entonces...

Y nada, que por culpa de tu tía Emilia, oooootra vez a empezar el proceso desde cero, total para descargar una foto de tu amiga Esther, desenfocada y quemada por el *flash,* que te enviaba desde Sevilla con el que era su romance del verano.

Con este *background* podéis hacer el esfuerzo de empatizar con las que nos ha pillado fuera de onda esto de las redes. Especialmente, los *haters.* En español quiere decir 'odiadores'. ¿Sabíais que hay gente que se dedica solamente a odiar? ¿Cómo debe ser levantarse cada mañana sabiendo que tu cometido es expulsar odio a través de la boquita que Dios te ha dado —o en su caso, los deditos—? Tiene que ser superchungo de gestionar. Te dejas el sueldo en terapeutas, fijo.

Por suerte, yo tengo pocos de esos. Supongo que no soy lo bastante importante como para dedicar una jornada entera de trabajo a odiarme, de lo cual tengo que decir que me alegro y mucho. No sé yo cómo habría encajado, en mi adolescencia o primera juventud, estar expuesta a los comentarios gratuitos y sin base alguna que emiten juicios sin parar desde los sillones de sus casas. Admiro mucho la entereza con la que resisten las olas de odio algunas *celebrities* jóvenes —casi siempre mujeres, por supuesto, no vaya a ser…— que son juzgadas por cada cosa de sus vidas que han expuesto *online*.

Como me pilló tarde, tuve la opción de pasar del mundo digital, pero por mi profesión decidí no dar la espalda a los tiempos modernos, como decía Chaplin, y saltar al vacío y probar suerte.

La primera historia de Instagram que estuve a punto de colgar fue una imagen en negro. La segunda, los dedos de mis pies movidos y la tercera mi papada después de que se me disparase la cámara frontal sin querer. Y las tres fotos las hice, por supuestísimo, con la linterna del móvil encendida por error. ¡Era un cuadro! ¡Madre mía, Sílvia, quién te ha visto y quién te ve! De tía molona descubridora de mundo, artista y payasa de pies a cabeza, convertida en la peor *influencer* de la historia. Soy más bien una «influmierder», no nos engañemos.

A pesar de mi ineptitud en redes, tengo la suerte de poder decir que tengo una comunidad de seguidores impresionante y una de gente que me sigue como para asustarse un poco. Es impresionante lo poco conscientes que somos a veces de lo mucho que tenemos y mi comunidad *online* es una de esas cosas que aún me parece medio mágica. Pero si ni yo misma me aguanto algún día que me levanto con mal pie, me sigue sorprendiendo a diario que haya gente que esté interesada en seguirme, en comentarme e incluso en charlar conmigo. En realidad, prefiero no pensar cuál es el alcance de mis palabras, de mis *stories,* de mis tonterías, porque si lo hago, me bloqueo.

Hay algo que me chifla de este mundo y es la posibilidad de poder comunicarte con gente de todo el planeta, que no conoces, desde tu casa. Reconozco que a mí me gusta bastaaaaaante socializar, no es ninguna novedad a estas alturas esta exclusiva de mierda que os doy. Lo que me lleva a pensar que las redes en otro momento de mi vida podrían haberse convertido en puro veneno y pura adicción para mí —si es que no estamos todos ya un poquito enganchados a los *reels* de cualquier red social—. Charlar y escribirme con gente sin apenas conocerla o directamente sin conocerla de nada me flipa. Me pone el concepto de poder estar conectada con el resto del universo a un solo clic. Sí, lo sé, soy una *boomer* descubriendo «el» internet en los noventa, pero es que vive una «vieja del visillo» dentro de mí que hace que sienta curiosidad por todo. Que me coman la oreja, pero sin que sea presencial, es algo a lo que yo me podría enganchar tranquilamente. De hecho, alguna vez he pensado que podría ser una gran *community manager,* sobre todo si no tuviera que buscar —como he hecho ahora— como se escribe en Google cada vez.

Soy fatal para los nombres en general, pero para los que giran en torno al mundo digital, soy pésima. Para que te hagas una idea me costó un año entero empezar a conocer la nomenclatura del mundo redes: diferenciar entre un *post* de un *story;* saber qué era un *follower,* un *reel,* un *hater,* algo *random,* el algoritmo; un «bomboclat» —este aun no lo tengo del todo claro—, «stalkear», un *like* —un 'me gusta' de toda la vida de Dios—; *nickname,* una mención e incluso un *hashtag.* Qué palabra tan complicada para total acabar poniéndole almohadilla a una palabra. Menudo misterio. Os voy a confesar que al principio pensaba que el dueño de Facebook te tenía que dar el OK para «crear» un *hashtag.* Vamos, que parecía yo Paquita Salas en materia de ordenadores. Para lo único que estoy preparada en las redes es para detectar si el texto que acompaña a una publicación contiene o no faltas de ortografía. Seamos modernos, pero, por favor, no pisoteemos el diccionario. Mira que si se entera Pérez Reverte, la tenemos liada.

Como actriz, mi profesión está muy vinculada a las redes. De hecho, últimamente corre el rumor de que cuando superas varios *castings* para un proyecto —serie o cine— acaban tomando la decisión de quién será la actriz escogida ¡en función de los *followers* que tiene! Os quedáis muertas, ¿verdad? Pues como yo cuando me enteré. Para qué sirve currarte una carrera, gastarte la pasta en cursos de interpretación, si al final lo que tienen en cuenta son tus seguidores. No me figuro al cirujano de turno siendo cuestionado por el número de seguidores. ¿Os imagináis?:

—Le voy a operar este martes.

—Perfecto, doctor. Por cierto, ¿cuántos *followers* tiene?

—Tres mil quinientos.

—Estupendo. ¡Sáqueme guapa en sus *stories!*

Surrealista.

En fin, hoy por hoy manejo bastante bien mis redes y no tengo CM ni nada por el estilo. Aunque los chicos de mi agencia de representación me echan una mano de vez en cuando, porque es muy cansado esto de estar todo el día generando contenido. No quiero pensar en la vida de los *influencers* que monetizan todos sus *posts* 24/7. Que te encuentras con una amiga, foto, que vas a comprar los cruasanes del domingo por la mañana, *reel* con filtrito más *link* a la tienda de cruasanes. Que te ponen una multa, foto con carita de pena, más filtro de hojas cayendo más muñequito de policía a pie de página. Es un curro agotador. ¡Yo no controlo tantos emotis!

Muy a menudo pienso cómo a la gente le da tiempo de trabajar, de ser madres y padres, de llevar una vida más o menos ordenada y de tener horas Y GA-NAS de documentarlo todo en internet. Hay personas que hacen auténticos cuadernos de bitácora con sus redes y yo el día que cuelgo un *post,* hago un montaje con música en *reels* y le doy a RT en Twitter ya me siento la mujer más satisfecha del planeta y me creo Dulceida alimentando a mi comunidad. Os amo, Silviers.

# 14
## SOY *PET FRIENDLY:*
## PODÉIS LLAMARME MOWGLI

Debería poner en mi currículum que soy capaz de imitar el sonido de la gaviota, la suricata, el mono, el chimpancé, el hámster, la paloma y casi todos los pájaros conocidos en la península ibérica, además de los básicos como el perro, el gato y el rebuznar del caballo —algunos rabiosos dirían que parece más un asno, pero qué sabrán ellos—. Y ahora os estaréis preguntando, ¿por qué narices esta mujer sabe hacer todo eso? Pues como diría Freud, todo es culpa de mi padre y mi pasión por los animales también.

Así que vayamos al origen: mi padre. ¿Como definir a mi padre? Para que os hagáis una idea, un trabajador del hierro que dentro llevaba encerrado un Miguel de la Quadra-Salcedo. O para los *millennials* un Frank de la Jungla. Una especie de flautista de Hamelín, versión multianimal, que a veces trabajaba en una fundición.

Ahora, queridas lectoras, estaréis pensando, a ver, tampoco es para tanto. El tío Antonio tenía un montón de jaulas de pajarillos en el balcón y no creo que sea como para hacerle un monumento. Quiero que os quede claro que mi padre no era un aficionado cualquiera. Mi padre estaba pillado por los animales. Lo de mi padre no era amor, era obsesión, como diría Romeo Santos. Mi padre era el maldito Doctor Dolittle y yo lo flipaba muy fuerte con él. Tanto que, para estar a su altura, me convertí en una Mowgli.

Lo tuve fácil. Por mi casa han pasado todo tipo de animales: tortugas, peces, hámsteres, pájaros e incluso serpientes. Con tan solo tres años, cuando me iba a dormir, en lugar de pedir mi peluche favorito, encontraba normal querer acurrucarme y hacer la cucharilla con nuestra mona titi. Sí, yo también tuve un mono. Me falta el castillo, ¡mecachis! Y ya que estamos de confidencias, también quiero compartir con vosotras un dato curioso: todos los animales que han habitado nuestra casa, a excepción de mi padre, han sido hembras. Las Abril fuimos las precursoras de las sociedades matriarcales. Con tanta bestia, mi casa ha sido un circo sin cobrar entrada. De hecho, la obsesión de mi padre con los animales lo llevó a abrir un negocio dedicado al mundo animal llamado Flora y Fauna Ana. Pedazo de nombre, ¿eh? Menudo creativo se perdió el mundo con él. Está claro que Ana era por mi madre. Fauna, por lo que vendrían a ser los animales. Pero

¿y Flora? Porque ya os digo que no vi una planta en ese establecimiento en toda mi vida. Pero, bueno, no voy a discutir de botánica con mi padre a estas alturas de la película.

Ya sé qué estáis pensando, que os habéis quedado con el culo torcido con lo del mono y queréis saber más, ¿no? Pues ahí va la chicha. Cuando tenía ocho años conviví con una mona titi que se llamaba Gloria. Y de los nueve hasta los dieciocho con otra a la que llamamos Amedio. Y la pobre era hembra, eh, pero como estaba de moda la serie de *Marco,* pues le cascamos Amedio y a tomar viento. En casa de los Abril somos precursoras de la designación no binaria, ya ves.

Vivir con un mono fue lo más. Nos desparasitábamos los unos a los otros, nos peleábamos por los plátanos, competíamos a ver quién tenía más pelo en las piernas. No, es broma. Pero fue muy guay tener una infancia con unos amigos tan especiales. ¿Cómo no me va a marcar eso en la vida? Así es, amigas, soy la hija de Ana, la de Fauna y Flora, y de Manolo, al que acertadamente y sin dejar nada a la imaginación apodaron como ¡Manolo el del Mono! Ese era mi padre y me sentía superorgullosa. No todo el mundo puede decir que su padre se paseaba por el barrio con un mono a cuestas. Pero yo sí.

Cuando el tiempo pasó y traspasaron Gloria y Amedio, mi padre hizo un *upgrade* en simios y adoptamos la versión actualizada y mejorada de las dos anteriores: una chimpancé, que recibió el nombre de Sara. Y, claro, como si se tratase de una más de sus hijas, mi padre la educó medio asalvajada. La adoraba y me ayudaba con los deberes de matemáticas. No es verdad, ella era mucho más de lengua.

La fase exótica de mi padre pasó con los años y se quedó anclado en el mundo perruno y de la ornitología, lo que se me hacía mucho más fácil de justificar entre los compañeros del cole. De hecho, recuerdo casi toda mi vida al lado de Tula, una perra de orejas larguísimas y patitas cortas. Era un basset, un perro de caza —que no había cazado en su vida ni una mosca—, el clásico sabueso de los dibujos animados al que pintan con gorra de inspector Sherlock Holmes y a veces hasta un monóculo. ¿Ya lo tienes? ¿No? Un Rastreator. Ahora sí, ¿verdad? Nunca falla. Sin embargo, después de toda mi experiencia con el mundo animal, mi favorito es sin duda alguna la jirafa. Nunca tuvimos una en casa, tranquilas. La veía en los atlas del cole y me flipaban. ¡Menuda preciosidad! ¡Qué colores! ¿Sabíais que son los animales de mayor altura del planeta? ¡Pueden llegar a los seis metros! Hala, ya sabes algo más y de regalo, te he salvado el quesito marrón del Trivial, ¡de nada! Además, ¿te has fijado alguna vez en la lengua de una jirafa? Es negra y puede medir hasta cincuenta centímetros. Un lengüetazo suyo puede engominar a cincuenta cabezas en fila de una tacada. Por no hablar de los favores sexuales que se tienen que regalar entre ellas. Eso sí debe ser un orgasmo de altura.

Pero volvamos a los animales, que me despisto; mi obsesión heredada de mi padre parece que me acompaña allí donde voy. De hecho, mi primer profesor de interpretación del Institut del Teatre de Terrassa, el señor Fausto Carrillo, tenía una técnica de enseñanza al menos curiosa para los estudiantes de primer curso: contar hormigas. Sí, se ve que para interpretar Shakespeare es superimportante ser capaz de contar himenópteros —quesito verde, llevamos dos—. Se ve que imaginar hormigas en el suelo y hacer un recuento de las unidades del hormiguero era esencial para desarrollar nuestras capacidades interpretativas, eso, según él, nos convertiría en actores «de raza». De raza idiota, añadía yo para mis adentros. Muy loco, ¿verdad? Pues nada, allí me tenías a mí, agazapada en el suelo, bizca de simular que veía hormigas en el aire, juntando las yemas de los dedos y saludando a mis pequeñas amigas imaginarias. Menuda flipada sensorial para estudiantes de veinte años, eso es un buen viaje y no lo que promete el Imserso.

Como podéis ver, mi vida ha estado siempre vinculada a los animales y tanto va el cántaro a la fuente que al final… Nos remontamos a cuarenta y tres años atrás. Acabo de recibir mi primera comunión, voy vestida de blanco celestial, una corona de flores silvestres, unos guantes de puntilla preciosos —coño, cómo pican— y unos zapatos blancos inmaculados —ya he recibido la amenaza pertinente de mi madre:

—Como no sigan limpios antes de comulgar te lanzo un zapatillazo en medio de la misa.

Es el día más religiosamente importante para una niña de nueve años, el día en el que se supone que me han abierto las puertas al Reino de Dios, el día que tengo que conectar con todas las criaturas del mundo y sentirme en paz con ellas. Bueno, quizás no era bien bien así, es que me salté alguna de las clases de catequesis, vale. El hecho es que después de comulgar decido irme de excursión a la poza del restaurante donde se celebra el evento. Allí, de blanco inmaculado —ahora que lo pienso guardaba cierto parecido a una de las hermanas de *El Resplandor*—, no se me ocurre otra cosa que empezar a hurgar en el agua sucia de la poza. De repente, sale del fondo ¡un pobre pajarillo muerto ahogado! La curiosidad mató al gato —bueno, al pájaro, en este caso— y a mí me lleva a empezar a hurgar en las cuencas de los ojos del animalillo hasta que convierto mi comunión en una clase de «operación» mezclado con Quimicefa y así, amigas, acabo sin comerlo ni beberlo diseccionando burdamente al pajarillo. Los animales habían pasado de ser mis amigos más fieles a casi querer cargármelos. Hola, soy Sílvia Abril y a los nueve años descuarticé a mi primer pájaro. Nunca se lo conté a nadie.

No fue un secreto mi siguiente experimento. Ya os aviso que esta historia no acaba bien. A mi prima Marta le regalaron un pollito, amarillo, precioso, de tacto finísimo como de melocotón. Era yo muy muy pequeña y solo tenía una obsesión: querer abrazar al pollito. Pero mucho. Y esperaba que ese amor que yo le profesaba fuera recíproco y que él me abrazara a mí. Y de tanto abrazar lo dejé sin aliento. Literal. Pobre pollito Donald, sin querer hice McNuggets con mis minibíceps. Aún hoy sigue siendo una de las anécdotas más recordadas por mi familia. De hecho, ahora empiezo a entender por qué nadie me quiere abrazar el día de Navidad.

Es verdad que después de mi currículum criminal he intentado resarcirme de él con grandes dosis de humanidad. He rescatado un montón de pajarillos y los he tenido en casa hasta que los he visto sanos y fuertes como para devolverlos a su hábitat. Una vez también rescaté un ratón. Estábamos de vacaciones en Formentera y se acabó convirtiendo en la mascota de mi hija. Jugaba con él mientras hacíamos los deberes. El problema fue la vuelta a casa. Llamé a la compañía aérea a ver si podíamos llevárnoslo, pero os podéis imaginar su respuesta. Exacto, un rotundo NO. Se puede volar con buitres, pero no con un inofensivo ratón de campo. Creo que escuchó mi conversación porque una noche se fue. Supongo que no le molaban las despedidas. Eso, o que estaba hasta los bigotes de tanta multiplicación de dos cifras.

Mi última buena acción fue cuando adoptamos a nuestra gata Carla. Andreu y yo nos habíamos casado y unos días después volvimos a la masía donde lo habíamos celebrado y allí nos la encontramos. Era un gatete rubio al que le faltaba un ojo. Perfecto. Con un gato tuerto creo que conmuto todas mis perrerías de infancia. *Check!*

A pesar de todas esas duras experiencias, mi pasión por los animales sigue intacta. Claro que no sé si al revés podemos decir lo mismo después de todo lo contado.

Pero qué digo. Sé que los animales me quieren. Al menos, Mèl me quería. Mèl fue nuestro perro y no hay día que no lo eche de menos. Me lo regaló Andreu nuestras primeras Navidades juntos y fui muy feliz con él. Ahora tengo mono de perro. Mi marido se opone, pero mi hija y yo ya estamos maquinando una adopción a sus espaldas. Y ya sabéis quién va a perder, ¿no? Mi pasión por los animales no se puede acabar aquí. Ni de coña. Ya le hemos echado el ojo a un perro que se llama Balú. Nos hemos enamorado de él gracias a unos carteles que colgó la protectora. Hemos jugado un par de días con Balú y es buenísimo. Estoy segura de que se adaptará superrápido a nosotros. Y si no lo consigue, pues tendremos que buscar un nuevo hogar para Andreu.

Soy así, una *animal lover*. La loca que cuando se cruza con vacas en un camino se para y baja del coche para saludarlas. O la que para el tráfico para salvar un erizo que cruza la carretera a su ritmo. Eso sí, tengo mis límites. Como con las nuevas razas que van saliendo de miniperros. Más que animales, parecen los regalos de los huevos Kinder. ¡Si te caben en una sola mano! Si con esas patitas casi no pueden andar y los tienes que portear como si fueran un recién nacido. Vamos, que tengo yo las lumbares como para tener que cargar con el perro. No puedo con esos, ni con los gatos sin pelo. ¿Pero quién puede cogerle cariño a un gato que parece una rata gigante? Pues para eso cómprate una rata gigante, ¿no? Vale, igual no soy tan amante de los animales. Bueno, o al menos no de TODOS los animales. O mejor dicho, no soy fan de todos los dueños de animales. No soy de las que los viste con ropa, ni los lleva en cochecito ni los trato como si fueran bebés. Pero Balú puede estar tranquilo, que no le va a faltar de nada. Todavía no es Buenafuente Abril y ya lo adoramos. Es listísimo, le estoy enseñando la coreografía de *Las Babys* y creo que en dos días la clava. Ay, Dios mío. Estoy a nada de colocarle un lazo y colgarlo en YouTube. Esto no lo vi venir...

# 15
# HE SOBREVIVIDO
## A LA VUELTA AL COLE

Tapones de bolis sueltos que auguran inminente mancha de tinta. Metros de cinta con el nombre de tu vástago todavía por planchar. Bocadillos florecidos a medio morder en el fondo de una mochila.

No, no es el nuevo tráiler de la peli de miedo de Jaume Balagueró. Es mi pesadilla recurrente de esta noche, provocada por los nervios de saber que mañana se produce el inicio real del año. Lo siento por Mecano, pero el año no arranca en la Puerta del Sol, como el año que fue. Es en septiembre, con la vuelta al cole. Además, para nosotros no es un regreso escolar al uso. Es especial. Porque después de cinco años viviendo en Madrid hemos vuelto a Barcelona y a la escuela que fue testigo de los primeros inicios escolares de Joana, nuestra hija. Me reconozco nerviosa. Pensad que no es como volver después del verano y que te sorprendan más morena, más rolliza o más soltera. En mi caso, tendré suerte si alguno de los antiguos padres me reconoce. No olvidéis que a partir de los cincuenta los años son como los de los gatos, por siete y muy rancios.

Pienso en cuál será el *look* para el primer día. Hablo de mi *outfit*, claro. El de mi hija hace tiempo que no es debatible. Ella decide vestirse como una temporera de la fruta y yo decido mirar hacia otro lado y creer que la niña ha sacado dotes de visionaria *fashionista* que no alcanzo a comprender. A ver si aparece ya un *coolhunter* y la descubre, porque no sé cuánto más tiempo podré aguantarla con este rollo vanguardista —por llamarlo de alguna manera—.

Sea como sea, yo me he propuesto estar mona para la ocasión. He quedado con la profesora para comentar el cambio de cole y las novedades que vivirá Joana este curso. La última vez que hablé con un profesor fue a dos metros de distancia y con mascarilla. Qué tiempos aquellos, ¿os acordáis? Incluso podías ir todo el día con un paluego en la boca que nadie se daba cuenta. Ains, debo decir que echo un poco de menos los días de la pandemia. No me malinterpretéis. La reclusión me metamorfoseó en un bicho bola, que por primera vez en su vida disfrutaba de las cuatro paredes de su casa. Yo que he sido un culillo de mal asiento, me compré cinco chándales. ¿Cómo te quedas?

Uy, ¿qué hora debe ser ya? Miro el reloj y respiro profundamente al ver que todavía quedan cinco horas para que nos toque levantarnos. Bien, aún puedo dormir un poco más. Solo espero que el insomnio pase de largo, como lo ha hecho con el que tengo al lado durmiendo a pierna suelta. Siempre he envidiado esa capacidad para despreocuparse que tienen algunos, oye. ¿Será una clase de *mindfulness* para padres que hacen *online* y de la que las madres no nos hemos enterado? ¿O es que quizás se la imparten cuando a nosotras nos están dando la turra con la de carga mental? ¿Por qué encima de gestionar mi vida, tengo que gestionar la vida familiar, escolar, medicinal, social, económica del resto de miembros? Pero ¿quién nos ha colado ese gol?

Además, la carga mental es un arma de doble filo. Tú crees que te pegas la gran currada porque así lo dejas todo organizado para que «ellos» puedan tirar millas sin ti.

ERROR.

Por siempre y para siempre «ellos» pensarán que TÚ lo tienes todo controlado y que para qué van a querer ellos controlarlo. No te engañes, «ellos» te ven como al prota de *Prison Break* con el cuerpo tatuado con toda la info escolar que concierne a tu hija. Eres su punto de información gigante. Su guía. Su Gandalf. Y lo peor es que a veces nos lo creemos.

A ver, motivos nos sobran. Configurar esos horarios imposibles, con mil condicionantes diferentes es digno de solo unas pocas mentes privilegiadas: Marie Curie, Stephen Hawking y tú.

Os aseguro que ni el campeón de Tetris mundial me ganaría cuadrando su horario semanal.

Oigo ruidos en la habitación de al lado. Me levanto a comprobar si no soy la única insomne de la noche y vaya a ser que, con la excusa de los nervios del primer día, sorprenda a mi hija con la dichosa *tablet*. Saco la cabeza por la puerta de su habitación y todo está en calma.

Vuelvo a la cama con la luz del móvil iluminando mis pasos cuando me fijo en la última foto que se quedó abierta en el dispositivo. El horario escolar o, lo que es lo mismo, la piedra roseta de la educación. No exagero. Es imposible descifrarlo. Ayer estuve un buen rato y nada. ¿BA? ¿LM? ¿CS? ¿Pero de qué van? O juegan al despiste o nuestra hija es la nueva Jason Bourne y sin darnos cuenta la hemos apuntado a la escuela del CESID. Os aviso, los colegios están entrenando a los pequeños espías del futuro. Nuestros hijos son los Pegasus del mañana.

No me digáis que antes todo no era mucho más fácil: clase de mates, naturales, sociales, incluso podías decir que tenías clase de gimnasia y al profesor no le daba vueltas la cabeza como a la niña del *Exorcista* gritando:

—Que ahora se llama educación física, guarra.

Por Dios, qué piel más fina…

Otro gran melón relacionado con el cole son las fiestas de cumpleaños. Antes llevabas un montón de chuches a la clase con su azúcar, su gluten y su lactosa y todo el mundo contento. Ahora hay que diseñar cinco menús diferentes y estar pendiente del paciente X, no vaya a ser que alguien le sople un poco de algo en la cara y se transforme como un Picachu. Cuánta tensión… Como si los cumples en sí no fueran bastante tensos. Siempre son foco de problemas.

En el último de un amigo de mi hija la lie bastante parda. Quise hacerme la enrollada y crear un chat para comprar un regalo entre todos y acabé poniendo en el chat a niños que no estaban invitados a la fiesta, creando un problema diplomático que ríete tú de los del G20. Pero lo peor no fue eso, la cagada fue que también añadí a la madre del sujeto cumpleañero. Lo único bueno es que creo que no nos van a volver a invitar a un cumple en cierto tiempo. Oye, ni tan mal.

Repaso mentalmente que tengamos todo el material listo para mañana. Aunque ahora los repasos acaban rápido porque Joana va al cole con *tablet* en lugar de libros. Por un lado está genial no tener que ver a nuestros hijos carretear kilos de arriba para abajo, como si fueran pequeños *sherpas*. Pero por otro, hemos perdido aquella cosa romántica de los libros: su olor a cerrado, sus finísimas hojas que te desollaban las yemas de los dedos, o mi favorita, las burbujas de aire que te quedaban en la portada después de haber forrado mal los libros y que te aseguraban horas y horas de juego en las clases más aburridas. Una pena, estamos perdiendo nuestra memoria histórica. Así que pienso revelarme y poner mi granito de arena: este año forro la *tablet* de mi hija con aironfix y listo.

Ay, los ojos me pesan. Si los cierro un ratito todavía puedo descansar algo antes de levantarnos...

Y ponernos en marcha...

Y zzzzz...

Mmmm, qué gusto. Al final he podido descansar un poco y todavía... JODER, ¡NOS HEMOS DORMIDO!

Salto de la cama y «meeeeeuuuu», piso a la pobre gata que duerme a los pies de mi cama, cuando me dirijo corriendo a la habitación de al lado. Es justo en ese instante, en medio del pasillo, cuando me siento tentada a poner a prueba a mi marido y a mi hija y no decirles nada. A ver qué hacen... Pero rápidamente caigo en la cuenta de que estos dos podrían seguir durmiendo hasta el infinito y tan pichis. Así que, aunque la tentación es grande, mejor dejo la prueba para otro día y retomo mi carrera de obstáculos hasta llegar a la habitación de nuestra hija preadolescente.

Me acerco al bulto que hay bajo las sábanas y con cariño, pero contundente, la sacudo:

—Joana, ¡nos hemos dormido! Corre, amor, que no puedes llegar tarde el primer día.

Oigo un gemido seguido de una tos muy ronca.

—¿Joana, te has vuelto a resfriar?

Y mientras estiro las sábanas descubro a Andreu durmiendo a pierna suelta.

—¡Andreu! ¡Joder, qué susto!

Entonces ¿con quién he estado durmiendo?

Parece que anoche, mientras yo arañaba unos minutos de sueño, la peque conquistó nuestra cama y expulsó a Andreu, que acabó desterrado en la litera de la niña. La de sacrificios que conlleva esto de ser padres… Lo grave es que ni he notado la diferencia, Dios, qué mal. Bueno, da igual, corre Abril, que vamos tarde. Y solo es el primer día.

# 16
## SOY FEMINISTA, PERO NO ME PREGUNTÉIS DEMASIADO

Este es sin duda el capítulo más difícil que voy a escribir. Lo sé. Son de esos textos *boomerang* que van a acabar pegándome una hostia en la cara. Bien porque yo con el tiempo evolucionaré y cambiaré de opinión, bien porque es un tema que levanta más ampollas que unas sandalias de tiras nuevas en verano. Dios bendiga al Compeed. Así que, lectores, la controversia está asegurada. Pasen y vean y, sobre todo, tengan compasión, que eso también deber ser feminista, ¿no?

Bueno, vamos a allá. Deseadme suerte.

La semana pasada fue mi aniversario de bodas. Me tiré días pegando indirectas como una loca a mi querido marido, que, cual contorsionista del Circo del Sol, las fue esquivando todas. El pobre no tenía ni idea de la que le iba a caer encima como siguiera así.

Como mujer Aries y pesada que soy, siempre organizo yo ese tipo de saraos. Y, además, soy buenísima haciéndolos, para qué engañarnos. Así que no sé si por la presión que le supone o porque le suda el arco del triunfo lo más grande, nunca propone nada.

—No me dejas espacio —me dijo una vez.

¿Espacio? Pues te ibas a cagar. No pensaba hacer nada en esta ocasión.

Ya sé lo que estáis pensando, que había cometido el primer fallo del manual de la feminista: no esperes que tu pareja te prepare algo. De hecho, no esperes nada de él. ¿Pero acaso darle la vuelta a la situación y que sea él el que desarrolle facetas organizativas no es feminista? ¿Eh? Contestad. Va. No, lo digo en serio, decid algo, porque yo no tengo ni idea. Llevo relativamente poco en esto del feminismo. Y fácil fácil no es, digamos la verdad.

Yo me hice feminista el día que me di cuenta de lo machista que era. Y aunque ya llevo un tiempo bregando con el tema, a veces siento que sigo en prácticas. Con según qué asuntos estoy especialmente sensible y salto con la mínima injusticia o incorrección léxica. Veo micromachismos en todos lados y probablemente lo sean. Pero es agotador.

Mi familia lo lleva fatal. Ya no saben cómo tratarme. Dicen que sufren estrés postraumático y empieza a haber bajas en las comidas familiares para no cruzarse conmigo. La Montero, me llaman. *Exageraos.* Aunque es cierto que los primeros años como feminista sientes un impulso irrefrenable de aleccionar y corregir al resto, actuando como si fueras un árbitro de primera, pendiente de cada gesto o comentario para amonestar como es debido. ¡Me falta el pito!

Mierda, este chiste me ha quedado poco feminista.

¿Lo veis como es cansado iniciarte en esto del feminismo? Yo os voy a confesar una cosa: de vez en cuando me relajo y en círculos muy pequeños me dejo llevar y se me escapa algún micromachismo que otro. ¡Oh, es tan liberador! Como quitarse el sujetador después de un día duro o sacarse la braga del culo. Ay, mira, esto fijo que me habrá hecho subir puntos en mi carnet de feminista. Voy mejorando.

Aprendo mucho de las nuevas generaciones. Las tías dominan el cotarro y la jerga específica nivel top. Tanto es así que pasa un fenómeno tan extraño como un eclipse de sol o que mi marido ponga una lavadora: me quedo callada y escucho. Fuerte, ¿eh? Pero es que a veces lo que creo que es feminista es supermachista y al contrario.

—Oye, fatal el reguetón que cosifica a las mujeres, ¿eh?

Y ellas me replican:

—¡Noooo, tía! Las mujeres podemos mostrar nuestro cuerpo sin temor a ser sexualizadas, porque nosotras lo decidimos. Es la mirada del otro la que te sexualiza.

—¡Ah, claro, eso, eso es lo que quería decir!

Lo que os decía, la próxima vez, calladita y al rincón.

El caso es que estábamos hablando del aniversario. Al final, mi marido propuso ir a cenar para celebrarlo. Oh, sorpresa. Él solito tuvo la idea, llamó y reservó en mi restaurante favorito. ¿Lo flipáis, no? Solamente me costó repetir como una loca el nombre del establecimiento en el móvil de mi marido cada vez que lo dejaba descuidado por casa. Bonita la estampa, ¿eh? Luego, solo tuve que sentarme a esperar a que el algoritmo de Instagram hiciera el resto. Ay, *God bless you,* Mark Zuckerberg. No, espera. ¿Es feminista este pavo o no? Bueno, con esta acción benéfica un poco ya lo es.

Así que el día señalado me puse como un pimpollo y para la cena que nos fuimos. Eso sí, tenía una misión: había que conseguir que fuera una cena romántica, pero filofeminista. Un hito del que la mismísima Caitlin Moran se sentiría orgullosa.

No habían pasado ni cinco minutos y la cosa empezaba mal: dejamos a Joana, nuestra hija, con una canguro. Mujer. Mal, Abril, mal. Debemos huir de los clichés. Bueno, no me podía venir abajo tan pronto. El feminismo no se trata de una carrera rápida, es un maratón de larga distancia de esos que te destroza los pies y que al día siguiente quieres morir, pero que todo el mundo dice: «Vale tanto la pena». Más les vale...

Marido y yo nos subimos al taxi que nos iba a llevar a mi restaurante prefe y aproveché la ocasión para comentarle mi cruzada ideológica del momento. Lo vi receptivo con la idea, aunque su rostro no decía lo mismo. Su boca decía sí, pero su cara decía: «No sé a qué coño me enfrento». Pero ese era su problema. Yo era una tipa segura de sí misma, con una idea firme en mente que debía llevarla a cabo. Creo que fue la primera vez que sentí el empoderamiento correr por mis venas. Eso, o una bajada de azúcar, porque a esas horas del día me hubiera comido un jabalí.

Llegamos al restaurante y me adelanté a él pagando yo el importe del taxi. Le guiñé el ojo, haciéndome la chula, como queriendo decir… No sé bien bien qué quería decir, pero algo parecido a «eh, aquí estamos mi móvil y yo para pagar lo que haga falta, chato». Diría que mi chico lo pilló, porque abrió la puerta del taxi y bajó… cerrándome la mismísima puerta en las narices. Sabía que ser feminista era duro, pero no me imaginaba que tan duro. ¡Dios, qué dolor! Cuando Andreu vio el desaguisado, el pobre abrió la puerta rápidamente para entender qué había pasado.

—Joder, Sílvia, como me has pegado el discurso feminista, no sabía si te ibas a enfadar si te dejaba la puerta abierta. Perdona, me he hecho un lío y la he cagado.

Pues empezaba bien mi cruzada, con un buen portazo en las narices. Esperaba que no fuera una señal. Pero el mamporro no me había venido mal para volverme a situar, la verdad.

Cuando una es feminista, hay muchas cosas que tienes que dejar atrás: por ejemplo, ya no te puedes reír de los chistes verdes de tu tío Paco, que hacían puta gracia, pero alguna sonrisilla te sacaban. Si falta algo en la mesa durante la comida, tienes que luchar con todas tus fuerzas para no mover tu cucu y pedir a algún macho que lo haga por ti. Ya está bien, que nos traten como las reinas que somos, hombre. Otras cosas que debemos dejar atrás: recoger los calcetines sucios que dejan en el suelo algunos miembros de tu familia, que parecen pistas para poder saber volver a su habitación, joder; y queda terminantemente prohibido pronunciar las palabras «el lunes me pongo a dieta». Basta de *bodyshaming,* por favor, ¡estamos estupendas en cualquier tamaño, color o forma!

Pero el paso que marcaría la diferencia, ¿sabéis cuál sería? Que las madres hicieran huelga de brazos caídos el día de Navidad. ¡Eso sí sería revolución feminista! Me encantaría ver la cara de los cuñados españoles cuando viesen que se tienen que encargar de TODO para ese día. Os hago un *spoiler:* la comida de Navidad pasaría a ser la cena de Navidad. Eso si no lo convierten en la Navidad *take away.*

Bueno, igual me he puesto un poco intensa en este capítulo, pero es lo que toca y no podemos plantearnos no serlo. Ya está bien de adjudicarnos solo a nosotras el papel de cuidadoras. Basta ya de sufrir el síndrome de la impostora. No queremos seguir teniendo que, no solo ser buenas en lo nuestro, sino encima tener que demostrarlo cada puñetero día. Pero ojito con darle la vuelta al calcetín y convertirnos en la versión en femenino de lo que odiamos: mujeres que sienten que tienen que ser déspotas, insolidarias y un poco maltratadoras para hacerse hueco en este mundo de machirulos. Demostremos que, aunque a veces seamos torpes y necesitemos algún que otro portazo en las narices, podemos hacerlo bien. Como casi todo lo que hacemos, ¡qué coño!

El otro día Joana, su amigo Manel y yo estábamos a punto de entrar en una farmacia donde se necesitaba todavía llevar mascarilla. Pues bien, al abrir el bolso saqué dos infantiles: una rosa y una azul. Y sin pensar —perdóname ministra— le di la rosa a Joana y la azul a Manel. Y mi hija, a la velocidad que nos llaman feminazis cuando reivindicamos nuestro espacio, le quitó de las manos a Manel la azul y le dio la rosa mientras entonaba un «¿mamá, en serio?».

Sí, señora. Así que tan mal no lo debemos estar haciendo, nos toca seguir luchando y equivocándonos hasta hacerlo bien. Ni que sea por elles, por el futuro.

# 17
## TENGO EX PARA DAR Y REGALAR

Soy una adicta al amor. Qué se le va a hacer. Os diría que es lo más importante en mi vida, sin contar a Joana. Ni a Andreu. Ni a mi familia. Vale, igual no es lo más importante, pero una de las cinco cosas más importantes, ¿OK?

Como buena Aries, soy una intensa de narices. Así que en las relaciones soy de las que se entrega a tope, me doy la vuelta como a un calcetín y voy con todo. Y, claro, después me como unas hostias como panes. Pero a la vida hemos venido a jugar, ¿no? Pues p'alante.

El ser una yonqui del amor ha hecho que haya tenido muchos novios. Pero muchos. Más de los que a mi madre le hubiera gustado. Y no es por fardar, eh. A estas alturas del partido una ya no se anda con tonterías. A ver, igual no he tenido tantas historias como Julio Iglesias, pero las suficientes como para ahora contar con una buena ristra de ex.

Los exnovios son esos seres vivos que un día formaron parte de tu vida y que, con el tiempo, no los quieres ni ver en pintura. Como mucho cruzártelos en el IKEA y hacerte una medio mueca a distancia como diciendo: «Eh, qué tal, yo muy bien, mejor que contigo».

Pensad que a mi edad acumulo unos cuantos ex muy variopintos. Tengo uno que fue bombero, pero él mismo se encargó de apagar el fuego entre nosotros. Otro, era lampista. Al principio hubo mucha chispa, pero al final cortocircuitamos. Y hubo otro que era músico, pero nunca me dejó dar la nota. Con lo que a mí me gusta…

Cuento con la suerte de que la mayoría de mis ex son muy majos, aunque un par de gilipollas también tengo. Me tocaban por estadística. Si echo la mirada atrás, podría trazar un patrón del tipo de qué clase de tíos me molan: guapos, altos y mayores. Vamos, que yo andaba buscando un *sugar daddy* más que un novio. Tonta no era. Con estos perfiles como pareja yo me aseguraba que tendría desplazamiento asegurado, mesa en los mejores restaurantes y regalos de aniversario como Dios manda, y no cintas de casete grabadas de la radio. Y que a nadie se le ocurra decir que «el detalle es lo que importa». ¿Ah, sí? ¿El ditilli is li qui impirti? Pues quédate tú con la pulsera hecha con macarrones.

Lo que sí guardo son algunas cartas de amor. Para las *centennials* que me leen, las cartas son como los *whats* de ahora, solo que se enviaban por correo y no por el ciberespacio. De hecho, en una de mis muchas mudanzas me salió una caja con más recuerdos que el baúl de Karina. Un ramo de flores secas que me regaló un novio, algún peluche roñoso con pinta de no haber pegado ojo en todo este tiempo y un montón de cartas. Y, claro, en medio de una mudanza con lo liada que estás, pues me pareció un plan perfecto parar de bajar cajas y ponerme a leerlas.

Podríamos aclarar desde el principio que no era Jane Austen precisamente: «Fua, qué mal. Ayer en la clase de latín no me ayudaste con la declinación del *rosa rosae*». Drama. O: «Ya te vale, no me has traído un dónut al patio». Documento que aporta pistas del porqué de mi devoción por la comida saludable.

Los ex son un mal necesario. Han formado parte de nuestra vida y es gracias a ellos que estamos hoy donde estamos. Yo concretamente en mi casa, felizmente casada y recordándolos a todos muuuuy de lejos. Y eso que tengo la suerte de poder decir que me llevo bien con todos. Bueno, menos con uno. Bueno dos. A ver, es que si son ex, ¡por algo será!

Dejar a alguien siempre es complicado. No quieres herir sus sentimientos, pero a la vez quieres salir huyendo tan rápido como puedas. En mi caso, puedo decir que he sido de las que ha dejado siempre, he tenido esa ventaja. Bueno, en todas menos en una ocasión que fue pactado. Creo que fue en lo único que estuvimos de acuerdo en nuestra relación: acabarla.

Y aunque en el resto de las relaciones fui yo la que tuve la sartén por el mango en la ruptura, buff, qué mal lo pasaba cuando llegaba el día. No encontraba la manera, por eso montaba un planazo para encontrar el momento oportuno. Tiraba la casa por la ventana y me los llevaba el finde de hotelazo. De los de lujo, eh. O si no, reservaba una mesa en su restaurante favorito. Y diréis, ¡menuda cabrona, eso no se hace! A ver, calma. No era maldad, quizás torpeza, vale. Pero solo quería que tuvieran un buen recuerdo de mí. Yo que sé, qué menos que llorar en un sitio bonito, ¿no? Pienso que era un detallazo por mi parte, qué queréis que os diga.

Las relaciones con el ex nunca son fáciles. El mítico «quedemos como amigos» es más complicado que encontrar hueco en la playa en agosto. Lo podéis conseguir, pero vais a acabar un pelín quemadas, amigas.

Recuperar tu vida sin esa persona, o como mínimo volver a encauzarla, es un currazo. Al principio vas más perdida que el primer día de rebajas. Que tu ex lo haya dejado todo impregnado en su olor no ayuda. Y lo que acabas odiando los últimos días, ahora incluso lo recuerdas con añoranza y alguna lagrimilla. Pero después con el tiempo, un par de años también os lo digo, todo se pone en su sitio. Te vuelves a reencontrar con tu verdadero yo y reaprendes a vivir por y para ti. Y ahí empieza otra nueva historia, como quitarle el precinto a una nueva vida. Yo soy de las impacientes que le pegan un tirón y ya. A mí me quema todo, qué le voy a hacer.

Después hay esa gente que tiene el plastiquito de protección del móvil cinco años. Se les conoce con el nombre de ¡cutres! Las cosas importantes cuanto antes, mejor.

Como chafardearlos en sus redes sociales. También cuanto antes, mejor. En inglés existe una palabra para esa acción de echar un ojo —cotillear, vamos— a sus redes sociales: *stalk*. ¡Imaginaos lo importante que es si los yanquis le han puesto nombre! Tus amigos al principio te dicen: «Bórralo del Insta, tía. ¿Pero estamos locos? Cambiad de amigos, fuera de vuestra vida. Hay que seguir de cerca sus pasos para poder hacer el duelo bien hecho y olvidaros de esa persona cuanto antes. Además, ¿podemos ser sinceras y confesar el gustillo que te da ver que le va peor sin ti? Por favor, es casi mejor que comerte un cacho de chocolate por la noche, viendo tu serie favorita, mientras te masajean los pies. También hay una palabra en inglés para eso —cómo son los anglosajones, eh—: *guilty pleasure*. Que traducido es algo así como placer culpable. Es una cosquillita que luego te tortura las horas posteriores. Como cuando te comes ese trozo de choco delante de la tele. Pues lo mismo.

Otro momento complicado del que puedo aportar mi conocimiento sobre el tema es cómo repartirse las cosas. Mis tres años de la carrera de Derecho de algo me tienen que servir. El Código Civil contempla tres regímenes matrimoniales, me pongo repelente, aviso:

separación de bienes, sociedad de gananciales y régimen de participación. Menudo giro acaba de dar el capítulo, eh.

La primera opción es el carril rápido de los aeropuertos: lo fácil. Los otros dos son más jodidos. Hasta aquí mi análisis profesional, porque solo estudié tres años y ya he visto a dos lectoras que se les cerraban los ojos.

Mirad, con este tema hay que ser lista y luchar por lo bueno. La mierda se reparte fácil y rápidamente: esta mierda pa ti y esta mierda también pa ti. No, ahora en serio, ¿sabéis que es lo que más cuesta repartirse? A la familia y los amigos. Eso sí que es un marrón de los guapos. Está claro que la familia cada uno se queda la suya. Bueno, hay excepciones. Yo soy muy de estrechar lazos y os tengo que confesar que mantengo el contacto con casi todos mis exsuegros. Pero lo más fuerte no es eso, ¡es que lo hago a espaldas de sus hijos!

Separarse es jodido, se pasa mal. Mal tipo que crees que te vas a morir. *Spoiler:* al final no. Pero ya veis que el tema da mucha chicha. Tanta como para componer miles de canciones de ruptura. No serían la opción más alegre del repertorio, aunque son la mejor para revolcarte en la mierda esos días posteriores. Que si el sol ya no va a brillar sin ti, que si como parar la lluvia que cae del cielo… El tema meteorológico pega fuerte. Como te pasas las horas mirando por la ventana con la esperanza de que vuelva tu churri, pues ya que estás te haces una previsión del tiempo a lo Roberto Brasero.

También hay temazos rabiosos que te ponen las pilas a tope y te ayudan a pasar página. Gracias a Adele, sabemos que podemos encontrar a otr@ igualito al anterior, sin mucho esfuerzo. También, que nos podemos comprar flores nosotras mismas. Amen, Miley. Y la mejor, y mi favorita, que ahora las mujeres sabemos que ya no lloramos, ahora las mujeres facturamos. *Love you,* Shakira.

Claro que después de hablar de tanto desamor os estaréis preguntando, pero ¿cómo fue tu primera historia de amor que tanto te marcó? Y si no os lo estáis preguntando, pues os fastidiáis, que la autora soy yo. Porque se han inventado los audiolibros, pero solo en un sentido de la comunicación. Así que no os oigo. Se siente. Por eso, si tanto insistís, os diré que el amor llegó pronto a mi vida. Yo siempre he sido muy precoz. Lo que os decía, todo me quema. Creo que me enamoré por primera vez con once años y fue de mi monitor de atletismo. Y digo que «creo» porque no lo tengo muy claro. Lo único que recuerdo, y con mucha nitidez, es que cada vez que pensaba en él me entraba tal dolor de tripa que me quería morir. Pero la cosa no acababa ahí. Me ponía tan nerviosa al verlo ¡que me entraban ganas de vomitar! Lo encontraba guapísimo y me moría por ir a entrenar, pero, claro, las arcadas no lo ponían fácil. Aunque ahora con la edad pienso que igual lo que tenía era una gastroenteritis como una casa.

Mi siguiente historia mejoró. De hecho, fue mi primer novio. Éramos vecinos del barrio. Esta historia fue maravillosa, estaba coladísima por él, y por suerte, no había vómitos a la vista. Me acompañaba al instituto cada día. Y para despedirnos, nos intercambiamos un poco de ADN. Un mucho en realidad. Tenía a los curas escandalizados. Tanto, que una mañana por megafonía, por donde siempre nos recordaban el santoral del día, el padre Emiliano decidió dejar los santos a un lado para recriminar la actitud de cierta alumna en la puerta del cole. Que era un mal ejemplo para el resto de alumnado. Se equivocaba. Yo les hacía ver lo que se estaban perdiendo…

Todo fue un sueño. Solo había un pero. Mi familia estaba en contra de nuestra relación. Pero en plan *heavy*, rollo Romeo y Julieta. Incluso escribí una carta a mis padres para decirles que si me prohibían verlo, me moriría de amor. Angelico… Ahora que os lo cuento. No recuerdo cómo fue nuestra ruptura. De hecho, ¿a ver si no rompimos nunca? ¡A ver si vamos a seguir siendo novios! No me fastidies, que soy poliamorosa y yo sin saberlo.

# 18
# HE SUPERADO
## LOS CAMPAMENTOS DE MI HIJA

Hay pocas cosas que hagan feliz a una madre de familia: poder ducharse tranquila —no exagero, lo he llegado a hacer explicando un cuento, interpretando cuatro personajes diferentes—, sentarse en el sofá cuando todos duermen y sentir que podrías hacer lo que te diera la gana —lástima que nos durmamos veinte segundos después— y soñar con los campamentos de verano de nuestros hijos. Es como la semana fantástica de un gran y famosísimo centro comercial: crees que será un chollo, pero, ojo, *spoiler,* no lo es. No lo es, principalmente, por culpa tuya. Porque crees que te vas a liberar y dar rienda suelta a tu lista de «pendientes» de todo el año y, en realidad, empiezas a contar los nanosegundos que faltan para que vuelva tu vástago porque, oh, *spoiler* dos, lo echas de menos. Sientes un vacío tan grande dentro de ti que te das un golpe contra el mueble y suenas hueca. Qué lástima…

Nuestros hijos son esos seres que amamos con locura, pero que deseamos que se vayan pronto a dormir cada día para que nosotras podamos recuperar un poquito de nuestra vida de antes. Somos cenicientas, pero sin hada madrina. Bueno, si no tenemos en cuenta al doctor Estivill, claro.

Y unos campamentos son el *bonus track* del año para poder recuperarnos a nosotras mismas. El problema es que después de tanto tiempo ya no sabemos a quién estamos recuperando. ¿Qué nos gustaba hacer antes de pensar en lavadoras de ropa del cole? ¿Qué hacíamos los miércoles por la tarde antes de ir a voleibol? ¿Cómo se llamaba a aquello que hacíamos antes de cenar entre semana? Ah, sí, TOCARNOS EL PAPO. Ahora ya no sabemos. Hemos desaprendido. Somos supereficientes y *multitasking*. Y un poco aburridas. Así que nos dan una semana de vacaciones de nuestras obligaciones materno filiales y ¿qué hacemos? ¿Echarlos de menos? ¡Pero qué desastre!

Y si dejamos de hablar de nosotras, aunque nos encante, y pasamos a hablar de recuperar al personaje que tengamos al lado, en el caso de que vivas en pareja, mejor abramos una botella de un buen vino porque tendremos muchas penas para ahogar. Que estáis la noche una, los dos solos en el sofá y os miráis de reojo, cómo diciendo, «¿y quién es él? ¿En qué lugar se enamoró de mí?». Es como esos momentos tensos cuando te cruzas en el ascensor con el vecino al que sabes que le han caído tus bragas de regla —sí, todas tenemos unas, reconozcámoslo cuanto antes y acabemos con esta farsa—. Tú, que te habías hecho películas mentales de que esos días os estaríais seduciendo las veinticuatro horas, sobándoos en cada rincón, chupándoos hasta las córneas, y lo que haces es agobiarte cada segundo que pasa pensando que no lo estáis haciendo. Si hasta le rehúyes la mirada, no se vaya a pensar que estás pidiendo guerra. ¡Menuda presión! Que te dan ganas de hacerlo para quitártelo de encima, hombre.

Puñeteros campamentos… Ahora me veo en la obligación de mantener relaciones sexuales con mi pareja, porque si no, menudo fracaso, ¿verdad? Ya podemos ir pidiendo los papeles del divorcio, porque esto no lo arregla ni *La isla de las tentaciones* —que ya me explicaréis vosotras quién narices se va a esa isla a salvar su relación, es como hacer dieta y alojarte en la fábrica de chocolate de Charlie, un imposible—.

Aunque volvamos a los protagonistas de la historia, nuestros hijos. Esos seres que creemos haber educado en la autosuficiencia y valentía y a la que nos enteramos que va a llover en la zona de los campamentos, nos los imaginamos navegando a la deriva, como Tom Hanks en *Náufrago*. Por el amor de Dios, en mi vida había mirado cada quince minutos el parte meteorológico. Me he informado tanto sobre el tema que con veinte horas de prácticas más me dan el título y puedo sustituir a Mario Picazo. Mi cabeza estos días está fatal, no hay ni una idea buena ahí dentro. Solo puedo pensar en dramas y tragedias, como la canción de Fangoria, pero al revés. Solo me vienen a la mente todo tipo de desastres naturales. De hecho, después de estudiar minuciosamente la orografía del terreno y detectar un riachuelo a unos diez kilómetros del campamento, llamé al parque de bomberos y les hice hacer un simulacro para ver cuánto tardarían en llegar. Después me bloquearon el número y en todas las redes sociales. Ellos se lo pierden.

También os tengo que decir que los monitores no colaboran. Ahora, con las redes sociales, comparten fotos de las actividades que van haciendo para que los padres estén informados. Pero, claro, el día que tu hijo no aparece en ninguna foto, tú ya estás pensando que te están ocultando algo. Que alguna cosa le ha pasado y no quieren que lo veas. Seguro que un oso lo ha atacado y le falta un ojo. Que no hay osos en la zona ni nada, pero, claro, tu cabeza está en modo tragedia *on* y eso a ver quién lo para. De hecho, conociéndome, este año le dije a mi hija que me hiciera un gesto para que yo supiera que estaba bien. Algo sutil, una pequeña muestra de complicidad entre ella y yo, nuestro lenguaje secreto.

—Cariño —le dije—, tú te tocas la nariz, parpadeas dos veces y luego cruzas las manos sobre el pecho. Así sabré que estás perfecta.

Pues bien, yo creo que la cría se ha olvidado del puñetero código porque lleva cinco días y no ha salido ni en una solo foto. La jodía debe huir cada vez que escucha «¡foto de grupo!». El año que viene le estampo una camiseta: «Mamá, todo OK» y ya está. Basta de sutilezas.

Pero poco a poco lo días pasan, y, por fin, llega el momento del reencuentro. Estás nerviosa, emocionada y te prometes a ti misma que nada de lágrimas. Pero ya sabes que es mentira, porque en cuanto pone un pie en la escalera del autobús, empiezas a gimotear y, aunque finges que te ha entrado algo en el ojo, no hay nada tan grande como para que afecte a la vez a todos los ojos de los padres que están esperando. ¡Aquello parece el final de *Bambi*! Y lo más sorprendente es que en cinco días te da la sensación de que tu hijo ha crecido más que en todo el año. Es como *Cariño, he encogido a los niños,* pero al revés.

Aunque no todo es bonito a su regreso. Tras varios regalo-pongo que harás desaparecer por arte de magia los siguientes días, empiezan a aparecer los desastres. La ropa hecha añicos, las zapatillas de deporte como si viniera de la vendimia y, por último, la roña. ¡La de porquería que se acumula en un cuerpo durante una semana! Ahora ya me imagino cómo deben oler los ganadores de *Supervivientes:* a muerte y destrucción. Por eso les dan el cheque tan grande, para que tomen distancia.

Pero el mejor regalo llega al final. Como todo lo bueno, que siempre se hace esperar. Después de fregar al retoño como si fuera un rasca y gana y consigues reconocerle de nuevo la cara y lo ves limpito, con su pijama y volviendo a oler como un ser vivo, se produce el momento mágico. Ese movimiento de dedos en la zona capilar que te anuncia el principio del fin. Tu hijo no ha vuelto solo. Ha vuelto con amigos. Y muchos. Los jodidos piojos.

¿Estos animales no se podrían haber extinguido? ¿Por qué los dinosaurios sí y ellos no? Caprichos de la naturaleza. Pues casi hubiera preferido que hubiese sido al revés. Al menos a los primeros los ves venir y puedes huir. Pero a esos pequeños hijos de Satanás ni los intuyes. Y encima, con lo poco glamurosos que son... Que si loción, que si lendrera, que si vinagre, que si bolsa en la cabeza para asfixiarlos. Todo como muy de la época medieval, ¿no? ¿Cómo no se ha inventado un *app* para acabar con ellos? Pues ya os lo digo, porque los informáticos no tienen hijos, porque, si no, estoy segura de que habría no uno, ¡sino dos!

Tras horas de laboriosa búsqueda de bichos y después de desparasitar a tu heredero y achucharlo bien fuerte, llega la recompensa final, el toque de gracia. Llega el «ay, mamá, déjame vivir» y se aparta de un empujón y te quedas sola de nuevo en el sofá. Así que, amigas, el año que viene, cuando lleguen las fechas de campamentos, poneos un pósit bien grande en casa que diga: «MAMÁ, DÉJAME VIVIR». ¡Y hagámosle caso!

# 19
## SOY MUSA DE UN DIRECTOR

Me tuve que teñir de rubia platino, pero valió la pena. Muchísimo. Era mi primer papel protagonista en el cine, la gran pantalla, el séptimo arte. Para la gente más joven, el cine es ese sitio de la pantalla enorme donde se proyectan pelis y que antes se comían palomitas —a lo sumo— intentando no hacer ruido y ahora te puedes zampar el menú degustación de una cadena de *fast food,* que no pasa nada. Nachos, burritos, perritos y todo lo que acabe en -ito, como asquito. Y todo bien *crunchy.* Que le den por culo al sonido de la peli. Si tampoco es tan interesante lo que dicen los actores, ¿no?

Pero hablaba de cine. Del arte en celuloide, aunque ni yo llegué a pillar cuando se rodaba en treinta y cinco milímetros. Solo había participado como figurante en alguna peli anteriormente, pero ahora era MI OCASIÓN. Mi momento había llegado. *Fuck you,* profesor de interpretación, que me dijo que con mis «formas redondas» nunca llegaría a ningún sitio. Pues mira tú por dónde, he llegado lo suficientemente lejos como para girarme y no verte. Que te den.

Tenía mi primer protagónico. Y «solo» me había costado teñirme la cabeza de rubio platino —que acabó casi rapada después del rodaje, porque era imposible salvar ese pelo que se deshacía como plastilina—. Fue con el filme *Spanish Movie,* una comedia repleta de parodias de otras pelis que fue un éxito en taquilla y que me hizo interpretar un papel maravilloso que parodiaba a una suma imposible de Nicole Kidman en *Los otros* y de Belén Rueda en *El orfanato.* Cero presión.

En el rodaje coincidí con dos grandes actores que se convirtieron en amigos y aliados de fechorías: Carlos Areces y Alexandra Jiménez. La liábamos parda. Era como salir al patio del colegio. Con Alex congenié en el minuto cero y solo queríamos proponer secuencias alternativas. Teníamos frito al director hasta tal punto que un día nos hizo caso y rodamos una secuencia «nuestra» e improvisada. ¡Estábamos tan contentas! Menudo subidón. Claro que después se quedó en la sala de montaje y nunca nadie la vio. Menudo tío listo el dire…

Hablo del talentoso Javier Ruiz Caldera y aunque también era su primera vez en el cine, no se le notó en absoluto.

Se supo rodear de un equipazo, también con mucho talento, recién salido de la ESCAC, la escuela de cine en Cataluña. Lo pasamos de maravilla. Para ser mi primera peli guardo recuerdos maravillosos. Nos partíamos de la risa y hubo que parar el rodaje muchas veces. Había secuencias tan delirantes en el guion que era imposible guardar la compostura. Además, me llevé uno de los regalos más alucinantes que podré tener jamás en mi carrera de actriz: tuve el honor de rodar con Dios, ¡rodé con el puñetero LESLIE NIELSEN! Aquello sí que fue una fantasía. Él estaba muy mayor, pero era un señor entregado al humor. Tenía una pequeña máquina con la que hacía ruidos y su favorito era el de «pedo». Se pasaba el día en el set haciendo bromas con la maquinita, en escena, en maquillaje, en peluquería... Qué maravilla.

Y ya que hablamos de flatulencias, la mejor anécdota del rodaje fue un día que estábamos rodando una secuencia en la que mi personaje avanzaba por un pasillo a oscuras y con un efecto de luces tintineantes, muy de peli de miedo, vamos. El plano que se rodaba se centraba en mí y en mi expresión facial. Yo caminaba por el pasillo hacia una puerta de donde oíamos unos ruidos. Una escena con mucha tensión y a la vez mucho silencio. Empezamos a rodar «¡silencio, acción!», y justo en ese momento a una persona del equipo que estaba muy cerca de mí, y que no voy a decir su nombre para salvaguardar su honor, se le cayó un pedo supersonoro que nos obligó a cortar la grabación, ¡porque nos meamos todos de risa! El autor tuvo que salir corriendo del set, sonrojado nivel Dios, hasta el punto de tener que echarse agua en la cara ¡porque le ardía! Y me temo que no solo la cara…

Menuda manera de empezar en el séptimo arte, eh… Javi, el director, nos cuidó tantísimo, siempre le estaré agradecida y, además, me encantó que nos desvirgáramos juntos con nuestra primera peli. Y yo creo que fue por eso que un día me confesó que me había convertido en su musa. ¿Yo? La niña que se pintaba la cara con tiza para hacer reír a sus compañeros de clase, musa de un director de cine. Pues sí. Así que nuestra relación «fílmica» continuó y me fue dando papeles en todas sus futuras películas. Aunque también es verdad que esos papeles fueron disminuyendo en calidad de presencia en pantalla. Recordad que empecé siendo la prota, pues bien, en su tercera película ya era un cameo. ¿Qué sería lo próximo? ¿La camarera el día del estreno de la peli? Así que llamadme loca, pero como me vi venir lo peor, decidí hacerle el salto con otros y repartir mi talento con más directores.

He currado con un montón de directores en más de veinticinco películas. Este es un dato que no recordaba y que confieso he tenido que mirar en Wikipedia, no me lo tengáis en cuenta. Para que veáis a qué tipo de mujer estáis leyendo. A una muy sincera, pero con menos memoria que Dory, como bien sabéis. Menuda desgracia la mía con el tema de la memoria. Lo fuerte es que no sé cómo puedo retener el texto de los guiones. Es como un don. Pero pago un precio alto, porque el resto de mi vida ¡lo olvido todo!

Pero hablábamos de cine y de las muchas pelis en las que he tenido el lujo de trabajar. He hecho comedia, comedia y más comedia. Lo de que a los actores no nos encasillan es un rumor. Habrá sido casualidad. ¿Se ha notado el sarcasmo o queréis que os lo entrecomille para que no haya ninguna duda de que estoy hasta el moño de que nos encasillen a los actores de comedia? Que yo también se hacer llorar, joder. Que se lo digan a mi hija de diez años. Ella os puede dar unas referencias buenísimas.

De todas las pelis guardo momentos inolvidables y miles de anécdotas por doquier. Por ejemplo, gracias a Santiago Segura y a proponerme *Padre no hay más que uno* conocí a una de las personas más importantes en mi vida, Toni Acosta. El cine me ha dado mucho, eso es verdad. Como también coincidir con el actor Jordi Sánchez. Con Jordi, dentro de la pantalla, hemos tenido las relaciones personales más variopintas. Hemos sido marido y mujer, primos, hermanos y me encanta. Le respeto muchísimo por su trabajo. Ahora, me ha dirigido en su última peli como director, en *Alimañas.*

También he hecho cine de acción y me flipa poder disparar armas, en la ficción, eh… Por ejemplo, participé en *Agente Mackey* y me dejé la vida en esa peli. Y lo digo en el sentido literal: todavía deben quedar fragmentos míos en el set. Me hice esguinces, contusiones, moratones… Madre mía, como admiro a Tom Cruise desde entonces. Yo creo que lo mantienen entero porque lo han pegado con Super Glue, porque lo de ese hombre no es medio normal.

Con el tiempo vas ganando experiencia y cuando en un guion lees mucho «exterior noche», «lluvia» o «accidente» sabes que tienes que salir huyendo de ese proyecto. Porque de lo contrario vas a pillar lo más grande. Esa peli es un marrón, no hay cosa más dura que pasarte la noche rodando. Los rodajes de noche son un maldito suplicio, yo me convierto en una zombi, pero de las chungas y mataría al que no pensó que igual esa escena se podría haber rodado dentro de un plató fingiendo la oscuridad de la noche. ¿No? Porque si no, ya me dirás tu ¡DÓNDE COÑO ESTÁ LA MAGIA DEL CINE! En el último rodaje que he tenido había unas cuantas de esas secuencias. Pero añadidle, que, además, yo iba con una prótesis que tardaban la friolera de dos horas en ponerme y otras tantas en quitármela. O sea, imaginaos cuando por fin se acababa la jornada nocturna y caías en que a ti te quedaban un par de horitas más de desmaquillaje. ¿Entendéis mis ganas de asesinar a gente, verdad?

Ahora, después de haber rodado como os he dicho más de veinticinco películas, puedo contaros en confianza que me gusta más hacer teatro que hacer cine. Sé lo que estáis pensado..., pero ¿y el *glamour?* Vamos a ver, que hacemos cine en España, queridas. Que aquí no hay tráilers de cien metros cuadrados como en Hollywood. Aquí con suerte tienes una cortinilla para cambiarte y que no te vea el culo medio equipo de rodaje. Aquí todo es diferente. Lo único que es igual, es el nivelón de las películas que se producen en nuestro país. Pero los presupuestos no son tan boyantes como en América, y por algún lado se tiene que notar.

Sé que os pensáis que rodar tiene que ser la hostia. Y lo es, porque nos flipa nuestro curro. Pero en realidad en una película te pagan por esperar. ¿Sabéis cuál es la frase que más odio en un set de rodaje?: «Cambio de luces». Bueno, bueno... no me quiero ganar enemistades con el gremio de directores de foto, pero es desesperante para un actor que está metido en la piel de otro parar durante, mínimo, tres horas para hacer un cambio de la iluminación. Yo no espero, yo me desespero. Y que sí, que comprendo que es necesario y que todo el mundo tiene que hacer bien su trabajo. Pero para mí es un corte de rollo de los gordos. Como cuando te pillan tus padres metiéndote mano con el novio. ¡Lo mismo!

Uno de los parones que todo el mundo más ansía es el «corte para bocadillo». Es como cuando en el cole te dejaban salir al recreo, molaba todo. Eso compensaba el peñazo de clases de toda la mañana. Pues en el cine igual. Los actores, que somos muy nuestros, normalmente comemos en nuestro camerino. Normalmente es para que el resto no vea que casi no comemos nada. Porque a ver quién se arriesga a engordar, ¡cuando te han construido un vestuario completo para ti! También hay gente que dice que el comer les baja la energía y después de jalar les entra sueño. Y, claro, no es lo mismo. Pasas de interpretar a tu personaje de forma normal a parecer uno más del reparto de *The Walking Dead*. Todo actuado como en cámara lenta, ¿sabes? No es plan.

Pero es divertido salir de vez en cuando de nuestra madriguera y mezclarte con el resto. Yo aprovecho para hacer el gamberro con los tímidos del rodaje. De esa manera me mantengo «caliente» para seguir rodando y evito acercarme a la mesa de la comida, porque todo suele llevarte al camino de la perdición. Saludable es un concepto que trabaja poco en las mesas de *catering*. Los técnicos son de bocatas de barra entera y de dulce para aguantar las doce horas de rodaje que les cae cada día. Ahí es na. Se merecen todos los Bollycaos del mundo con esas jornadas. Claro que sí.

Últimamente he probado otra faceta del cine en la que me siento mucho más cómoda: el doblaje. He doblado más de cuatro películas y es muy divertido. Las condiciones son excelentes y si toca «secuencia noche, lluvia», me la pela.

El cine esconde algo que lo hace magnético. Es un trabajo de orfebrería, de artesanos, que se da gracias al esfuerzo y al talento de muchísima gente. Es necesario para todos y debemos cuidarlo. Los equipos se dejan la piel. Y en mi caso, también el pelo. Pero mereció muchísimo la pena.

# 20
## YO ME CUIDO

Todo el mundo que me conozca un poquitito bien sabe que mi *hobby* preferido es cuidarme. Bueno, más bien que me cuiden. Me encanta que me hagan masajes, visitar centros de estética y hacerme tratamientos con nombres rarísimos y larguísimos. Reconozco que cuantas más letras tenga el tratamiento, más me gusta. Yo creo que rozo la obsesión, seguro que lo mío tiene un nombre. Fijo que los americanos tienen uno pensado. No sé, *cure caring:* la nueva adicción a llevar los músculos del cuerpo bien amasados.

Aparte de que me cuiden, también me gusta cuidarme. Una de las formas que he encontrado en mi vida es entrenando. Escribiendo este libro me he puesto a recordar y a contar la cantidad de ex que tengo. De exentrenadores, digo. Bueno, de los otros también, que para eso le dedico un capítulo entero. Daba para mucho el tema.

El caso es que para no ser una deportista de alto rendimiento tengo una lista demasiado larga de exentrenadores. Ahora hace tiempo que mantengo una relación estable y monógama con una chica, Lola. Hace ocho años que recorremos la senda del *fitness* juntas. Si os soy sincera me gustaría entrenar cada día, pero con esta vida una hace lo que puede. Con Lola todo es muy fácil, con *flow,* que dicen los modernos. Nos conectamos vía Zoom, ella desde su salón me explica lo que tengo que hacer y yo desde el mío obedezco. Si Lola un día me dijera que ha descubierto que es bueno hacer sentadillas con una lechuga en la cabeza, no dudaría en hacerle caso. Si Lola lo dice, seguro que hay un buen motivo para hacer deporte con una hortaliza encima.

Es verdad que entreno bastante, mucho según mi marido, pero deportes como tal no he practicado demasiados. Cuando era pequeña hacía baloncesto, también he esquiado un poco y he hecho algo de pádel. El pádel es porque tengo una edad. Cuando llegas a los cincuenta viene una señora que se llama doña prisas y te hace elegir entre una raqueta o una bicicleta. Yo elegí la raqueta, y os prometo que cada vez que juego la agarro con la misma fuerza que me agarro a la esperanza de no romperme la crisma jugando con mi amiga Eva.

Lo que más me ha gustado hacer siempre ha sido bailar. Me muevo como si llevara metido un escorpión por dentro de la camiseta. He bailado lo que me echaran: *jazz,* contemporáneo, claqué… Me hubiera encantado ser bailarina, pero tengo una relación extraña con el ritmo. Yo lo persigo, pero él corre más rápido, el jodido.

El deporte me gusta mucho, pero mis parejas nunca se han prestado a menear el culo conmigo. Envidio a esas parejas que hacen viajes y se van a hacer *trekking* juntos, rutas de senderismo juntos o escalar por las montañas juntos… Quizás en vez de una pareja debería haber buscado una cabra para que me acompañara a todos estos planes. También es verdad que hace unos años me rompí un menisco y lo máximo que puedo disfrutar ahora en pareja es de un buen partido de petanca. Un deporte que por ley solo se practica cuando te jubilas. Si lo haces antes, te detiene la policía.

De pequeña iba a la escuela de baile Enriqueta Alum de Mataró. Allí fue la primera «pérdida de risa» que tuve. Mientras preparábamos una coreografía para la canción *Escuela de calor.* En mitad de la clase me cogió un ataque de risa y me meé encima. Ole yo. Por suerte para mí, aquella fue la primera vez de muchas. Reconozco que si es por descojonarme no me importa mearme en las bragas.

En aquella escuela cada año hacíamos un recital y nuestros padres venían a vernos. Gracias a ella descubrí qué se siente al pisar un escenario y recuerdo que me encantaba.

Cuando iba a EGB. ¡Espera! Si tienes menos de treinta años y estás leyendo esto, EGB no son unas siglas de un grupo paramilitar ruso, EGB es la educación primaria de las personas que tienen hijos preadolescentes. Hecha la aclaración, sigo. Pues cuando yo iba al colegio me apunté al equipo de básquet. ¿Me gustaba el baloncesto? No. Yo lo que quería era que me machacaran la nariz con una pelota y me la operaran. Siempre he sido una visionaria. ¡Cirugía gratis! Esto va totalmente en serio, ¿eh? Odiaba mi nariz, pero entonces lo de las operaciones estéticas no estaba a la orden del día. Nadie las hacía y eran carísimas, así que reventarme la tocha a balonazos me parecía una buena idea para tener una nariz nueva. Con perspectiva, agradezco mucho no haberme roto el tabique nasal, porque tiene que doler que te cagas y porque me ha dado cague que se me note que tengo una nariz operada. No me acaban de gustar. O puede que estén tan bien operadas que no me haya dado cuenta de que lo están. La cirugía de Schrödinger.

¡Cinco años estuve jugando y cero balonazos en la cara! Mi sueño de operación gratis se desvaneció mientras me iba enganchando al equipo. Era muy buena base, pequeñita y rápida. Sílvia Abril, la Ardillita de Mataró. Nunca fui titular, la maldita Nuria Montells siempre me superó. Lo que más me gustaba de jugar en el equipo del colegio era llevar pantalones cortos.

Íbamos a un colegio de monjas, todo lo que no fuera llevar la falda rasposa que teníamos por uniforme era una bendición.

Después de dejar el baloncesto no me he vuelto a entregar así con ningún deporte. Es verdad que esquié durante muchos años. Por aquel entonces, para practicar esquí tenías que tributar en el tramo más alto del IRPF. No era el caso de nuestra familia, pero mi padre, que era una persona muy resolutiva, decidió plantar la caravana en Andorra la Vella. Así fue como las hermanas Abril aprendimos a esquiar a nuestra manera, sin nadie que nos enseñara. Somos almas libres del esquí. Nuestra táctica era el ensayo y error. Te montabas en los esquís y te comías el suelo. Hasta que un día no besabas la nieve y ya podías decir orgullosa que habías aprendido. Si estáis pensando aprender a esquiar, no os recomiendo nuestro método. Nosotras tuvimos suerte y no nos rompimos nada, pero no os puedo asegurar que vosotras vayáis a correr la misma fortuna. Pillaos a un entrenador, que además suelen estar muy buenos. Ya sé que casi todos son argentinos, pero, chicas, nadie es perfecto.

Después de estas pequeñas incursiones en el mundo deportivo decidí apuntarme al gimnasio. Ya sabéis cómo funcionan estas cosas. Primero pagas una matrícula convencida de que vas a ir todos los días y pasado un tiempo te das cuenta de que te has engañado a ti misma y que estás pagándole la universidad a los hijos de los dueños del gimnasio. Por suerte, hay una sala de *spinning* que se llama Sílvia Abril. Que menos...

Además, tienes que aprovechar cuando eres relativamente joven, porque la cosa cambia cuando cumples cuarenta. Abrazas la madurez y piensas que ya tienes una edad y con tanto *bodypump* el *body* lo único que hace es ¡PUM! Así que decidí buscar cosas que se adecuaran más a mí, como el yoga y el pilates. Os lo aconsejo, gracias a eso empecé a llevar la espalda como la educación de los hijos de un militar, recta.

Sin darme cuenta llegué a los cincuenta y vi cómo había pasado toda mi juventud sin hacer deporte y quise hacerlo todo. ¿Problema? Tú quieres hacerlo, pero tu cuerpo no. Tu cuerpo se está preparando para hacer *aquagym* con señoras de tu edad, pero tú tienes otros planes para él, quieres hacer *crossfit*. Así que la naturaleza te responde con un menisco roto. Después, volví al pádel. Jugué dos veces y me hice una capsulitis. Los esquís me los pongo de vez en cuando, pero con el mismo cuidado que limpias el culete irritado de un recién nacido.

Después de todo este tiempo y de ver que mis rodillas me piden clemencia, he llegado a la conclusión de que prefiero cuidar mi alimentación y meterme en un centro de belleza. Cansa menos y por lo menos sé que no voy a acabar con una prótesis de cadera de regalo. Además, cuando entro en estos sitios pienso que saldré de allí sin celulitis, con las piernas desinfladas y con los brazos tonificados y fuertes como el pecho de un encofrador. Ellas hacen lo que pueden, pero creo que es mejor ir a terapia para aceptarme tal y como soy. Mejor y más barato. Y más honesto.

Podríamos decir que soy lo mejor que le puede pasar a una persona que quiere abrir una clínica de belleza. Me lo voy a hacer todo, sin saber para lo que sirve. ¿Tiene un nombre impronunciable y me promete una piel iluminada? Como si me dices que me vas a exfoliar la cara con arena de gato. Me lo voy a hacer gustosamente. Es verdad que en todo esto hay un puntito de placer. Lo hago porque me hace feliz y me gusta. ¿A quién no le va a gustar que la mimen? Pero evidentemente también hay un poco de presión. Soy actriz, mujer y tengo cincuenta y dos años. En esta profesión los años se suman en tu DNI, pero es cierto que no se pueden sumar en la cara. ¿Sabéis lo tranquila que estaba yo con treinta años? La única arruga que había visto en mi vida es la de las camisetas que no planchaba. Veinte años después no puedo decir lo mismo. La cosa cambia cuando tienes una edad y te das cuenta de que antes eras una uva y ya estás comenzando a ser pasa.

Me he dejado muchísimo dinero en cosas que no sé ni para qué sirven. Estoy a dos sesiones de que le pongan mi cara a mi centro de belleza de confianza. O como mínimo una placa que ponga «Sílvia Abril ha financiado este aparato de mesoterapia». Todo lo que me pueda hacer me lo hago, mi norma es: si tiene muchas letras y acaba en -apia, estoy dentro. Del rollo: carboxiterapia, maderoterapia, nutrerapia, talasoterapia, inserte-nombre-raro-terapia. Recuerdo un tratamiento que consistía en que me pellizcaran por todo el cuerpo. En teoría iba bien para la circulación sanguínea, pero lo único que circuló por esa sala fueron gritos de auxilio. ¿Sabéis lo peor? Que antes de saber en qué consistía me hice un bono de seis sesiones. Todavía me quedan cinco.

Mi *modus operandi* es ir probando, y si no me gusta, no me lo hago más. Esto lo descubrí con veintinueve años en la trastienda de una peluquería. Se acerca traumita del bueno… Era agosto y me iba de vacaciones. Necesitaba una depilación urgente si no quería que me facturaran las ingles por exceso de peso. Eran los noventa, el láser todavía iba en pañales, así que me tocó depilarme con cera. Una amiga me recomendó a su esteticista de confianza y allí me planté. En la parte de atrás de la peluquería Estefi. La Estefi era una mallorquina que te hacía las mechas y el bigote en diez minutos. Una todoterreno. En dos minutos me había depilado entera. Yo estaba boca abajo y escucho que me pregunta:

—¿*S'interior també?*

Claro, me imaginé que se refería por el interior de los muslos y le dije que sí. Que *s'interior* también. De repente noté como una de sus manos me separaba los cachetes del culo y metía un pegote *en s'interior*. Mecagoentoloquesemenea. Creo que no hay números en el termómetro para medir lo que ardía la cera. Caliente nivel: el centro de la Tierra. ¡Horrible! No pude hacer otra cosa que chillar. Estefi, que estaba concentrada, también chilló del susto. Me dijo que estuviese tranquila, que no me iba a doler. La de veces que he escuchado la frasecita... Yo pensé para mis adentros, «¿cómo coño voy a estar tranquila si te acabo de conocer y ya tienes tu mano metida en mi culo arrancándome los pelos y la poca dignidad que me queda?». Desde aquel día, cuando escucho a alguien decir «la belleza está en el interior» pienso: «Seguro que conoces a Estefi».

Menos mal que las modas son pasajeras y al final con el tiempo prevalece el sentido común. Pasamos de no depilarnos a llevarlo «todo» sin pelos. Ahora poco a poco siento que cada vez somos más libres para tomar las decisiones que nos salgan del potorro. Y nunca mejor dicho.

Noto que me estoy haciendo mayor porque, en la moda, he intentado subirme a carros que ya no son para mí. Por ejemplo, las uñas. Adoro a Rosalía, pero entre nosotras, todavía la adoraría más si no hubiese puesto de moda las uñas largas. Ahora en serio, ¿quién es capaz de hacer una vida normal y funcional con uñas de ese tamaño? No puede ser que limpiarse el culo después de hacer caca suponga un reto imposible. Hemos pasado de tener uñas a tener garfios. He visto uñas que he pensado «la manicurista se ha tenido que subir a un andamio para acabar esta megaconstrucción».

Solo en Barcelona se estipula que hay un salón de manicura por cada cuatro habitantes. Dato extraído de la USA —Universidad Sílvia Abril—. La ciudad ha pasado de oler a playa y a pipí de guiri a oler a acetona. Algo es algo…

Quería saber qué se sentía al llevar estas uñas y fui a hacérmelas. Más bien a que me las fabricaran. Yo creía que al ponérmelas conseguiría parecerme un poco a Rosalía. Y sí, lo conseguí. Lo único que Rosalía se dedica a cantar y yo a dar la nota. Son dos cosas diferentes. Dejé de ser una persona operativa. No podía hacer nada: ni contestar mensajes ni escribir en el ordenador. No atinaba ni a peinar a Joana. La gota que colmó el vaso fue cuando intenté ir al lavabo y no pude limpiarme sin miedo a sufrir un desgarro. Fue cuando me dije: «Mi culo ya tuvo suficiente con Estefi, como para hacerle pasar por este trago». Mi intento de ir a la moda duró un total de cuarenta y ocho horas.

Lo que realmente siento que ha sido un antes y un después en mi vida a la hora de empezar a cuidarme es la alimentación. Siempre me ha gustado comer bien. Pero la cabeza me hizo un clic cuando entendí que no era lo mismo comer que alimentarse. Igual que un coche necesita gasolina para que funcione, nuestro cuerpo también.

Y gasolina buena, con nutrientes, vitaminas y, ya que estamos, sabores ricos. Porque alimentarse bien no es sinónimo de comer aburrido. Eso lo podéis averiguar en otro libro que escribí. Porque me interesó tanto el tema y me vine tan arriba que después de hacer cursos e hincar codos como una loca, escribí un libro. Así, sin síndrome de la impostora ni nada. Mi aventura en el mundo de la nutrición vino de la mano de mi amigo y mentor Xevi Verdaguer. A él le debo muchísimas cosas, pero lo más importante, le debo que pudiera quedarme embarazada. Lo he contado muchas veces, pero por si no lo sabéis lo vuelvo a contar.

Me costó mucho quedarme embarazada. En jerga coloquial, podríamos decir que tenía el útero resbaladizo, no me agarraba nada, vamos. Hasta que fui a conocer a Xevi y me dijo que era intolerante al gluten. ¿Qué tiene que ver que sea intolerante al gluten con que en mi útero no crecieran ni las malas hierbas? No lo sé. El caso es que Xevi me dio la vuelta como un calcetín, me cambió radicalmente la forma de alimentarme. Y *¡et voilà!* Pasé de no estar embarazada a… ¡estar embarazada! Gracias a adaptar mi alimentación y darle a mi cuerpo la gasolina que necesitaba, la semilla de Joana agarró y creció con fuerza. Aparté el gluten de mi vida, y obtuve la mejor recompensa. Desde entonces he seguido recorriendo este camino. Vi cómo el cambio de alimentación fue tan crucial que me hizo valorar la importancia de la nutrición.

Las personas que conviven conmigo lo saben. Quizás, los pobres, lo saben demasiado porque los tengo hartos. Que si evitad comer gluten, que si pocos hidratos y que si cero azúcares añadidos. Soy la alegría de la huerta, ¿eh? Me paso el día leyendo etiquetas de botes, se ha convertido en mi lectura habitual. La lástima es que todavía no he encontrado un club de lectores que me acepte. Si encuentro una etiqueta que pone que lleva aditivos, yo lo añado a la lista negra de cosas que no entrarán en los armarios de mi cocina. Para que un alimento llegue a casa, necesita pasar un *casting* que ríete tú del de *Masterchef*. Que sea ecológico, pero ecológico de verdad. Sabiendo su trazabilidad y cuál es su sistema de producción. Las conservas tienen que ir en bote de cristal, la carne y el pescado que sean de mercado y de origen sostenible. En resumidas cuentas, soy una friki de mucho cuidado y los que están a mi alrededor lo sufren.

Un día Joana volvió de una fiesta infantil, le pregunté cómo lo había pasado y lo primero que me contó fue:

—¡Mamá, no había nada saludable!

Tengo una buena discípula. Creo que mi legado está asegurado con ella. Hace poco volvía de los campamentos y me reclamó que hablase con la organización porque el desayuno era a base de bollería y azúcares. Estoy criando a la peor pesadilla de los alimentos procesados. También tengo que confesar que recientemente me he enterado de que padre e hija habían urdido un plan secreto y de vez en cuando se escapan a comer galletas de chocolate a escondidas. Lo entiendo.

En mi vida he hecho muchos tipos de dieta sin saber muy bien para qué servían: la keto, la Dukan, la de la alcachofa, la alcalina… Supongo que esta es para ponerse las pilas. Hice una que se llamaba cetogénica, que tiene nombre de etapa de la creación de la Tierra. «Hace cuatro mil millones de años en la era cetogénica aparecieron las primeras dietas». También hice la dieta DASH, que tiene nombre de tienda de cosméticos, o la de los colores, que consiste en que cada semana solo puedes comer alimentos de un solo color. La dejé porque era demasiado gris la mía.

No os quiero dar una imagen que tampoco es. A mí me encanta comer. Pero es verdad que soy, cuanto menos, especial. Por ejemplo, mi plato preferido son los pies de cerdo. Vale, raro. Pero riquísimos y, además, contienen muchísimo colágeno. En vez de ponérmelo en la cara con una crema prefiero ponérmelo en la barriga.

Con el tema gastronomía me considero una suertuda, porque llevo dos años presentando *La recepta perduda,* un programa de televisión que me permite viajar y conocer recetas tradicionales que se están perdiendo. Me hace muy feliz cuidar mi alimentación, pero también me hace feliz un buen plato de migas.

Y ahora que ya estamos en confianza, os voy a contar que tengo un problema de adicción serio. Mi droga son los suplementos vitamínicos. Vitamina B12, C, D... Tomo tantos tipos que el alfabeto se me ha quedado pequeño. Cualquier suplemento que me pueda venir bien me lo tomo. Que el extracto de pluma de cotorra aporta mucho magnesio, sin problema, ¡para dentro! Si es beneficioso para mi cuerpo, me va a gustar. Esto tiene que ser una enfermedad tipificada también por los yanquis: «Vitaminasia, la nueva adicción a los suplementos nutricionales que está volviendo multimillonarios a los dueños de herbolarios».

Otra cosa que le debo a mi amigo Xevi es haber aprendido a valorar mi mierda. De forma literal. La caca es importante y hay que mirarla bien. Por ejemplo: sabes que la cosa va bien por dentro cuando el cagarro se hunde. En casa la conocemos como la caca Titanic. En cambio, si tus heces flotan, quiere decir que estás comiendo demasiada grasa. Así que no me quiero imaginar cómo cagan los americanos. Telita.

Desde hace un tiempo hay muchos especialistas que nos hablan de la macrobiota, que son los microorganismos que viven en nuestro intestino y que si vives con mucho estrés, te los puedes cargar. Pues ya os digo yo que ha habido épocas en mi vida que he exterminado familias y familias de macrobiotas. No me siento orgullosa de ello. Desde aquí, mis sinceras disculpas. Lo siento, me he equivocado, no lo volveré a hacer.

Tengo que decir que no soy la misma desde que descubrí estos microorganismos. Ni yo ni mi familia. Como os podéis imaginar, la caca se ha convertido en un tema muy importante para nosotros. Es de vital importancia que la familia vaya bien al baño. Si cagas bien, es porque estás bien. Una vez mi hermana me llamó preocupada porque no estaba a gusto en el trabajo. Lo único que pude contestarle fue:

—Vale, pero ¿cómo estás cagando?

Ya veis, que al final, después de todo, y a pesar de haber conocido a Estefi, puedo decir que la belleza está en el interior. Y quizás, en forma de caca.

# 21
## HE SOBREVIVIDO
## A LAS FIESTAS DE CUMPLEAÑOS

Todavía recuerdo mi fiesta de los cuarenta. Fue un fiestón épico. Andreu me preparó una sorpresa por todo lo alto y con lo más importante: mis amigos del alma. Lo pasamos en grande y la resaca duró tres días. El barómetro del éxito que nunca falla. Claro que de ese fiestón han pasado doce años y si tengo que recordar la última vez que acabé un poco bolinga, fue en el cumpleaños de Manel. Y no, Manel no es un amigo mío, es el mejor amigo de mi hija Joana. ¡A ver, a ver, parad el carro y no llaméis ya a servicios sociales, que tenéis el dedo muy flojo! Fue mi última tajá, pero sin él… Mal pensadas. Lo que pasa es que cuando una es madre/padre, las fiestas de cumple de los amigos de tus hijos son para ti como la inauguración de Pachá Ibiza: la ocasión perfecta para pintarte como una mona y pillar una ídem.

A partir de cierta edad tú ya no sales de fiesta como concepto. Tú acompañas a fiestas, y es ahí, en ese momento espacio-tiempo, cuando aprovechas para venirte arriba y creer que te vas de boliche, como dicen los argentinos. Sus fiestas son ahora tus fiestas. Como casi todo en la maternidad, que ya no te queda nada. Por no tener no son tuyas ni las tetas.

Los padres de los amigos de Joana nos hemos vuelto unos profesionales. Hay varios requisitos para poder organizar una fiesta de cumple que obtenga el sello de calidad apta: se tiene que llegar en transporte público o si eres muy top, andando. Así no tienes que pasar vergüenza delante del conductor intentando validar la tarjeta en la máquina. Que desde fuera no se sabe si quieres meterla o estás intentando seducir al cacharro. Porque el alcohol, amigas, es el *must* en cualquier fiesta infantil. No os dejéis engañar: ni globos, ni pasteles ni ganchitos. Yo he visto descargar más botellas de ginebra en fiestas de niños que en todo el *Bar Coyote*. La ley seca se llama así porque salió después de un cumple seguro. Ah, y da igual la hora que sea. No es problema. Los vasitos de Nemo y Dory son ideales porque si los niños te preguntan, les dices que es agua para los peces y punto.

A ver, espero que mi revelación de la presencia de pitraque en las *parties* infantiles no sea una novedad para el mundo. No quisiera ser yo la que diera ideas a la Benemérita. Pero una cosa os digo, si montaran controles de alcoholemia cerca de la sala La ratita saltarina, en una mañana hacen el cupo y les queda la tarde libre para irse con la churri. Ahí lo dejo.

Otro de los requisitos básicos es la política de cero móviles. Pero no por los niños, para evitarles pantallas. No, no. Por los adultos, todo para evitar grabaciones vejatorias que después podamos lamentar. Pasamos de vernos en TikTok bajo el meme «mamá borracha en la fiesta de su hijo». Además, los nuestros están en una edad muy cabrona. Y necesitan material con el que chantajearnos. Pensad que se han criado con *Sálvame* como telón de fondo. El chantaje no es un misterio para ellos, es su moneda de cambio.

Y la última condición de un buen fiestorro *child edition* es que no haya animaciones en directo. No queremos testigos de nuestras fechorías. Lo ideal es llevar a los niños a algún sitio donde estén entretenidos y agotándose mucho. Un «salting», un *karting,* un *bowling.* Cualquier cosa que acaba en -ing es sinónimo de sudor y caer rendidos por la noche. Plan ideal.

Las animaciones infantiles las carga el diablo y os lo digo yo con conocimiento de causa. ¿Cómo creéis que me pagué la carrera de Derecho? Yo he visto cosas, como el replicante de *Blade Runner,* que nunca creerías, amigas. Pero me las reservo para mis memorias, si algún día me acuerdo de escribirlas, claro.

Solo diré que es un trabajo poco valorado y muy ingrato. Y si no lo creéis, os propongo una cosa: intentad distraer vosotras a un puñado de críos que van de azúcar hasta las cejas mientras tenéis que soportar la mirada despreciativa de sus progenitores. Es como el circo romano versión *reloaded*. Ahora menos sangre, pero con más escarnio.

Aunque la cosa de las fiestuquis se nos está complicando últimamente y hemos visto peligrar nuestra única fuente de alegría y jolgorio. ¿Y sabéis por culpa de quién? Nos ha salido un archienemigo que no veíamos venir: el colegio.

Enviaron hace poco una circular donde nos pedían a los padres que, por favor, no se celebraran fiestas de cumpleaños a no ser que todos los niños de la clase fueran invitados. Claro, qué buena idea. ¿Sabéis cuántos alumnos hay por aula? Cincuenta. Hay festivales de música con menos asistentes, ¿vale? A su favor diré, como madre comprometida con los valores de igualdad y no discriminación, que agradezco su intención. Una vez dicho esto, como madre desesperada por un poco de juerga, digo: yo por las fiestas de cumple de mi hija MA-TO. No pueden acabar con nuestro pequeño reducto de libertad y despiporre. O las fiestas o los ansiolíticos. No veo otra solución. Y eso que no es fácil montar una *party*. Por un lado, el menú. Ahora, acabar con algún amigo de tu hijo es fácil si no sabes cuál de las miles de intolerancias que existen tiene el chaval. Y que conste que no estoy dando ideas. Pero es que como es tan difícil acertar, solo te queda hacer una barra libre con un surtido más variado que el de Cuétara.

Que te pasas trescientos sesenta y cinco días al año prohibiéndole todo lo bueno al niño y, en una única jornada, tu hijo se mete en el cuerpo su peso en azúcar. Viva la alimentación saludable.

Otro aspecto complicado en la organización de un evento de tal postín es el tema del regalo. Si decidir qué comprarle al homenajeado era difícil, hacer las reparticiones de la pasta era un suplicio. Eso, hasta que llegó el bendito Bizum. Oh, la vida es mejor y más fácil gracias a él. Nunca repartir dinero había sido tan gustoso. Aunque también os digo que estamos haciendo bízums por encima de nuestras posibilidades. He hecho envíos de setenta y cinco céntimos. También he confundido destinatarios entre las veinte transferencias que tenía que hacer, generando un caos absoluto. Así que aprovecho la oportunidad que me da este libro para deciros: si habéis recibido por casualidad una cantidad de dinero en mi nombre, os agradecería la devolución, gracias.

Es cierto que hay fiestas y fiestas. Y la última fue... apoteósica. Solo de recordarla se me saltan las lágrimas. Los padres apostaron fuerte y decidieron alquilar una casa rural durante un fin de semana. La madre que nos parió. Se tiraron meses ahorrando y organizando el evento con más dedicación que para su propia boda. La ilusión era mayor, claramente. Nos enviaron un programa con todas las actividades que harían los críos. Las nuestras estaban claras: de doce a catorce, clase de empinar el codo. De dieciséis a dieciocho, levantamiento de culos de vaso, y de diecinueve a veinte, estiramientos con tirador de caña. Unos profesionales.

Mientras tanto, nuestros vástagos hacían cosas. Daba igual. Me suena que algo tipo *paintball*. Insisto, me la pela. Podrían haberse convertido en una guerrilla y empezado a disparar entre ellos que no nos hubiéramos dado cuenta. Tanto Waldorf, tanto Montessori, para que tu hijo sea más feliz que nunca con una pistola con balas de pintura en las manos. La vida ya es un poco eso.

Hace poco mi hija me hizo una de las peticiones más locas que me ha hecho en su vida.

—Mamá, quiero cambiarme la fecha de nacimiento.

Rollo folclórica, pero al revés. A ella no le importa ponerse edad, siempre y cuando cumpla años en primavera. Está harta de ser la niña que su cumple cae mal. Y por mal me refiero a ciertas fechas en el calendario que no dan juego: verano —que no hay cole— e invierno —que hace frío y no se pueden hacer actividades al aire libre—. Le comenté que veía pocas opciones para satisfacer su petición y fue entonces cuando, con un arte muy sofisticado y rozando casi la perfección, me dijo:

—Pues entonces quiero una pijama *party* personalizada, en casa.

¿Eing, cómo?

Me puse a investigar y descubrí un mundo. Bueno, más bien un inframundo. Resulta que hay empresas que te montan una fiesta de pijamas de toda la vida, versión americanizada, donde cada niña duerme en un tipi —hola, apropiación cultural— con un pijama bordado con su nombre —estamos locos— y con actividades tan intelectuales como hacerse trenzas y pintarse las uñas —el primer paso para ganar un Nobel, fijo—. Veo más fácil lo de cambiarse el cumple, sinceramente.

Tenemos que ir con ojito porque, con este nivel, las fiestas de cumpleaños se nos están empezando a ir de las manos. Se comienza yendo a un karaoke y acabas alquilando el Liceo para cantar a todo trapo *Las Babys* de Aitana. Cuidadín. Y nos estamos olvidando de lo más importante de todo. Que al final solo es una fecha que nos sirve de coartada cada año para que los padres recordemos algo inolvidable: que es nuestra excusa para achisparnos.

# 22
## NAVIDADES A MÍ

—¡Agua, coco helado, mojito!

Te despiertan de tu siesta al grito refrescante del verano. ¡Qué gusto, por favoooor! Me he quedado KO haciendo ver que leía un libro. Llevo arena en más sitios de los que me gustaría presumir y no sé ni qué hora es. Da igual. A la que parpadees será Navidad. ¡Y lo sabes!

Ni Fernando Alonso ni Lewis Hamilton. Las más rápidas del circuito son las puñeteras Navidades. Por un instante estás recolocándote la braga del bikini y, de repente, estás colgando los adornos del árbol. Y no exagero.

Cada año me pasa lo mismo. Siempre me digo: «No te despistes, que en nada están aquí». Pero miro el calendario y pienso: «Abril, faltan tres meses, te has pasado». No. Ese día ya deberías estar haciendo la carta a los Reyes Magos y encargando el pavo. Que después todo son prisas y acabas sirviendo comida precongelada. Y con la edad, todo va más rápido, os aviso. Haced caso a esta viejoven. Las Navidades son la típica conocida que cuando menos te la esperas, ¡zasca!, la tienes en los morros.

¿A vosotras os gustan? Porque a estas fiestas, o las amas, o las odias. No valen puntos medios. Yo he pasado por las dos zonas e incluso las he ignorado y pasado de puntillas, a ver si no me veían. Pero es una zorra con buena vista y no he conseguido zafarme de ella. Así que, finalmente, he decidido asentarme en la zona del amor. En especial desde que nació Joana. Es verdad que con críos en casa todo es diferente, por ovarios te comes las Navidades quieras o no. Es aquello de volver a vivirlo todo por primera vez de nuevo y encima a través de la mirada de un niño.

No me miréis así, ya sé que os había dicho que al final me había reconciliado con ellas, pero es que son unas boicoteadoras. Te pasas trescientos sesenta y cinco días al año cuidándote y entrenando y en uno solo, en veinticuatro horas, se va todo a la mierda. Es que no ponen nada de su parte, colega.

Lo de la comida en esas fechas no es ni medio normal. Si ya habitualmente comemos por encima de nuestras posibilidades, esos días son dignos de una bacanal romana. Que al final te comes las cosas por aburrimiento y te da lo mismo polvorones que mantecados que bocas de mar. La cuestión es abrir la boca.

Y si vas de visita a alguna casa, ¡te sacan más comida! Y, claro, como no puedes decir que no, porque según tu madre «quedas mal si les haces un feo», pues, hala, otro mazapán p'adentro. Que, por cierto, ¿soy yo o todo lo de Navidad últimamente está bañado en chocolate? En Cataluña son típicas las *neules,* unos barquillos alargados muy ricos, que de por sí, «ligeros» no sería su adjetivo; pues ahora la moda es que los bañen en choco. Los dátiles, ídem. Las frutas, ídem. ¿Qué será lo próximo? ¿Los langostinos? ¿Las cigalas? ¿El cochinillo? Cuidado no demos ideas, a ver si se animan los cocineros, que hay mucho chef suelto últimamente con crisis de creatividad.

Bueno, para ser justos, no solo pasa el día de Navidad. En realidad nos pasamos diez días con el buche lleno. Porque unas semanas antes comenzamos con el festival de las cenas. Que si cena de empresa, que si cena con las amigas, que si cena de vecinos… Se nos está yendo de las manos el tema cenas. ¿Estamos de acuerdo? Como sigamos así nos vemos haciendo cenas hasta con nuestro ginecólogo:

—Brindemos por tu cérvix, querida.

Y mira, no. Me cae de puta madre mi gine, pero lo del espéculo frío no se lo perdono. A cascar las Navidades con su familia.

Y si sois de las que pensáis que estas cenas son totalmente inofensivas, os equivocáis. Esconden el fenómeno más odiado y más secundado de la historia:

el puñetero amigo invisible. Mucho se ha hablado de este ser mitológico que viene cada año a jodernos la vida. ¿Por qué lo hacemos? ¿Quién narices fue el primero? Porque a ese sí que hay que ir a la puerta de su casa y hacerle un escrache. Además, yo creo que tras él debe haber un *lobby* importante o algo, porque mira que la era digital se ha cargado cosas, pero esta, esta que nos fastidia de la hostia, no. Yo propongo hacer cambios, por ejemplo, en vez de regalo pongo, que no sabes qué narices hacer con él, pues mandamos el bizum invisible. Oye, fácil, discreto, se ajusta a tu presupuesto, ¡un *perfect!* Alguien te hace una donación secreta y tú tienes que adivinar quién es. Ya os digo yo que por los importes que te ingresen sabréis rápidamente quien os lo ha hecho. Que a los ratucas se los ve de lejos aunque sea vía *online*.

La puñetera moda del amigo invisible, además, no contenta con joderte las cenas de empresa y las de amigos, ahora se ha puesto como de moda hacerlo también con la familia.

—Es que como somos todos adultos y no necesitamos nada —en eso estoy de acuerdo, afortunadamente—, pues nos hacemos un amigo invisible y listo.

Que si regalarle algo a la recepcionista de tu curro es difícil, ni os digo hacérselo a tu cuñado el rarito. ¿Qué coño le regalas sin que se ofenda? Porque, claro, todos vemos que es un tío, vamos a decir, especial, pero puedes meter la pata nivel Dios como la cagues.

Además, que luego tienes a tu hermana comiéndote la oreja el resto del año dándote otras opciones de lo que podrías haber regalado. Déjame vivir, chica. Que con un poco de suerte la web esa del sorteo me lo bloquea y no me toca de nuevo hasta dentro de cinco años y para entonces, si Dios quiere, ya os habréis divorciado.

También me encanta el momento de decidir el importe del regalo.

—Ya que solo es uno, pues que luzca —dice la que piensa más en lo que le van a regalar que lo que va a tener que regalar ella.

Y la descubres porque cuando alguien suelta:

—Pues de cien euros mínimo.

Es la primera que dice:

—Uy, ¿quieres decir tanto?

Ratuca.

Yo no sé cómo celebráis vosotras estas fiestas, pero en mi familia, que somos unos cuantos, nos pasamos el día dando tumbos de una casa a otra. Más que Navidad parece que estamos haciendo el Tour de Francia. Hoy toca la etapa tres, la más dura, visita a casa de la tía Conchi. Te regalará unas bragas de cuello vuelto y tendrás que sonreír como cada año. A la tarde, etapa cuatro, con visita a tus primos segundos, que solo ves una vez al año y que, aunque te hace mucha ilusión, una vez comentado el tiempo, tampoco sabes muy bien qué contarles. Si como mínimo te pusieran un sello como en el Camino de Santiago, tendríamos un aliciente. Pero no, lo que te ponen es un táper en el bolso, ¡con más comida!

Un comodín estupendo para «saltarte la Navidad» es viajar en esas fechas. Aunque sea a un sitio cercano, pero lo suficientemente lejos como para no poder juntarte con la familia. Un año se nos fue de las manos y nos fuimos al otro lado del charco. Volamos hasta Argentina. Unas Navidades en bañador muy loco. En el hotel que nos alojamos todavía se deben acordar de nosotros. Tres españoles pidiéndoles que, por favor, nos consiguieran uvas. ¡Concretamente, treinta y seis! Ni una más ni una menos. Nos quedamos sin uvas de la suerte, pero el toque exótico fue que al final ¡tomamos las campanadas con aceitunas! Una chica podrá huir de sus tradiciones, pero sus tradiciones no pueden huir de la chica.

De las Navidades hay una cosa de la que no me siento orgullosa y que prometo cambiar en las próximas: la espiral consumista en la que me veo absorbida. Mi vida normalmente ya es muy frenética, y si encima le sumas compras navideñas para todos —incluso para una servidora, manda huevos—, el resultado es bastante lamentable. Acabo comprando sin control y sin conocimiento —básicamente porque ya no sé qué he comprado y qué no— y aunque me propongo hacer compra en comercios pequeños, santo Amazon me acaba sacando del apuro. En las pasadas estuve a punto de dejarle las llaves de casa al repartidor. Ahí pensé que algo estaba haciendo mal.

Y cuando crees que ha pasado todo: Nochebuena *check!*, Navidad *check!*, Fin de Año *check!*…, te queda lo peor: ¡la noche de Reyes! Y entendedme ese «lo peor» por el estrés que provoca la gestión de los regalos, el *tortell de Reis* —por si tus venas no estaban bastante obstruidas, un poquito más de azúcar— y asistir a la cabalgata. Dios, solo de escribirlo me entran taquicardias. Vamos a ver, para mí la cabalgata era una experiencia brutal, pero desde que trabajo en televisión y la gente me conoce me hacen más fotos a mí que al rey Gaspar. Mi hija no entiende nada. Así que lo mejor es asistir a la que hagan en algún pueblecito pequeño o verla por la tele. Bueno, eso si no tenéis un Germán en vuestra vida… El nuestro casi nos jode «el invento». Os cuento: el año de la pandemia estábamos todos en casa siguiendo el espectáculo por televisión. Era la única manera de poder vivir la cabalgata ese año. No había un niño que no estuviera pegado a la pantalla. Y Joana, mi hija, también. Pues bien, en un momento dado el móvil empezó a sonar como un loco. Mensajes y más mensajes. No entendía nada, así que le eché un vistazo. El mensaje era el mismo: «¡Apartad a los niños del televisor! ¡Apartad a los niños del televisor!». Y así un montón de *whats*. Todavía entendía menos. Hasta que miré la pantalla y vi que el rey Baltasar era Germán, el profesor de educación física de Joana. Como si fuera un *ninja*, salté sobre del mando y apreté con la suficiente rapidez para que Joana no lo viera. ¿Pero en qué estaría pensando? Qué manía con pintar la cara y pensar que nadie te va a reconocer. ¿En serio? Esa noche casi se petó de un plumazo la inocencia de todo un colegio y por un segundo casi me gustó la idea de escaquearme de una cita menos en las próximas fiestas.

Pero no. Que habíamos quedado que yo era de las que amaba las Navidades. ¿Verdad?

# 23
## Tengo una boda, otra vez

Por fin es sábado, aunque solo son las nueve de la mañana. La maldita premenopausia no me deja dormir demasiado. Así que, resignada, cojo el portátil y abro el correo mientras tomo el primer sorbo de café con leche de avena. Mi bandeja de entrada está petada: trescientos correos *spam* y entre ellos un remitente que me llama la atención: JaviMarta, así, todo junto. Me huelo lo peor… Esto tiene pinta de invitación de boda. Empezamos bien el finde. Leo: «Holiiiii, somos Javi y Marta y tenemos algo que contarte. Pincha en el enlace + emoticono de sombrero + emoticono de vestido blanco + emoticono de anillo con diamante». Madre mía, sombrero de copa, vestido blanco, anillo… es casi imposible descifrar el acertijo, ni el mismísimo Indiana Jones, su padre y el cáliz juntos podrían decodificar un jeroglífico de tal magnitud.

Sí, amigas, lo que nos temíamos, es una invitación de boda en formato digital. O sea, la versión barata. Se ve que ahora se hace todo así. Tú te montas una web muy molona en tonos pastel, le pones una imagen idílica de unos novios en blanco y negro y andando. ¿Dónde han quedado las invitaciones clásicas en papel del bueno, con gramaje 15g, bien gordo, con su papel un puntito rugoso que rezaba en dorado *bold:* «Nos complace invitaros a nuestro enlace nupcial»? Se están perdiendo las formas. Nos estamos cargando el romanticismo. Cuidado que a la próxima nos quedamos sin anillo de pedida y nos encasquetan el emoti del anillaco del WhatsApp y se quedan tan panchos.

Sigo leyendo el correo de Javi y Marta mientras noto cómo mi cabeza se ha convertido en una calculadora humana: tres *looks* completos de boda —Andreu, Joana y una servidora—, una despedida de soltera en algún sitio hortera, pero caro y, cómo no, el dichoso regalo. No hace falta ser Einstein para saber que me sale por un pico asistir al enlace de la hija de mi prima. Y con esta, ya van tres este año.

Ha llegado ese momento en la vida en el que se me casan los hijos de mis primos. O sea, me estoy haciendo mayor, ¡mátame, camión! Y eso que a mí me pirra una boda, pero no nos engañemos, ya no soy de las que cierra la barra libre. Soy más bien de las que roban los centros de mesa. Por suerte, mi etapa «fuerte» de bodas pasó, mis amigos están más bien en la etapa divorcio y, por fortuna, a esa no nos invitan, aunque la sufrimos igual.

Ay, el mundo bodas, ese sinfín de generar contenido en los chats de WhatsApp de los asistentes. Que si la despedida, que si el regalo, que si les montamos un vídeo, que mejor les hacemos uno con fotos de cuando eran niños, que si cogéis el autocar compartido, que si por qué no montamos una *flashmob* y sorprendemos a los novios… Pues porque no, querida. Bastante hacemos con vestirnos e ir como para andar sorprendiéndolos. Aunque, claro, en la nuestra nos lo hicieron y fue brutal, la verdad. Nos hicieron una coreo con la canción de *La La Land,* espectacular, digna de un Óscar. De los de mentira, desde luego. De que nuestros amigos lo dieron todo, no cabe duda, pero es que nos creemos Fred Astaire y resulta que no somos más que el mono en el baile del gorila. Seamos sinceros.

Pero, bueno, la intención es lo que cuenta y el recuerdo nos lo llevamos para siempre. Gracias, amigos queridos. Estoy muy a favor de currárselo tanto. Cuando eres la novia. Pero ahora que me toca en el lado de los invitados, ya no lo veo tan obvio, sinceramente. El *show* con baile incluido me parece desproporcionado por un cubierto que te acabas pagando tú con el regalo.

Apuro el café de la mañana y sigo leyendo la invitación: «Queremos que lo paséis superbién. Habrá actividades para los peques y, recuerda, la zona del convite no es tacóndeagujafriendly». Traducción: bájate del andamio, amiga, que la última vez te quedaste dos horas plantada, intentando sacar el tacón del césped.

Sigo leyendo, porque intuyo que viene un tema que saca lo peor de mí: «Ah, por cierto… no te preocupes por el regalo. El mejor regalo es que vengáis a la fiesta»… ¿Ah, sí? ¿Somos vuestro mejor regalo? Entonces, explícame por qué has puesto… ¡UN NÚMERO DE CUENTA!

¡La madre que los parió! Yo creo que es la manera más sutil de decir: no me regales mierdas, mejor suéltame pasta. También hay que reconocer que, aunque dar dinero sea frío y raro, a veces es más fácil que hacer un regalo si no conoces mucho a los novios. También te digo una cosa, si no los conoces demasiado, ¿para qué narices vas a la boda?

Cliiing, me suena el móvil. No he acabado aún de leer el correo que ya me han metido en el primer grupo de WhatsApp que acarrea una boda: «Boda Javi y Marta» —uy, sí, qué original—. Después de unos cuantos saludos y preguntas obligadas para quedar bien, llega lo gordo:

> Oye, ¿cuánto ponéis por cabeza para el regalo?

Aquí empieza el baile. Casi todos tratarán de pasar desapercibidos, intentando seguir el sentir mayoritario del grupo, pero el *agarrao* de turno no podrá evitar salir de su madriguera para dejar caer que, claro, que él va con los hijos y le sale todo por un pico. El típico personaje o personaja que después aparece en la boda con un cochazo que te cagas y cuando lo *stalkeas* un poco en Instagram, ves que tiene su *feed* de *stories* con cenas a tutiplén en restaurantes caros. Siempre hay uno de estos. No hay boda que se tercie sin la representación de la rata de cloaca.

Otra cosa que tampoco soporto es la gente que juega al *Precio justo* con el precio del cubierto para calcular el importe del regalo. ¡Pero si no sabes lo que van a poner para comer! ¿¡Cómo puñetas vas a valorar el precio del cubierto?! Déjate, pesado, que el cubierto te lo voy a clavar yo en la pierna, ¡por capullo! Menos mal que existen los emoticonos, porque si no, a mí ya me habrían llegado cinco querellas.

Ante tanto *whats,* las mentes preclaras como la de una servidora intentamos ser originales, retos que nos ponemos para complicarnos la vida: ¿y si le regalo un masaje? ¿Un tratamiento? ¿Un viaje? ¿Una experiencia? Y un listado sinfín de posibilidades para acabar renunciando y acatando la idea del regalo conjunto que proponen en el WhatsApp de darles DINERO. De acuerdo, es lo más práctico.

Sucumbo a la democracia del grupo delante de la posibilidad de, por una vez en la vida, ponérmelo fácil, cuando el joven y poco atareado del grupo dice:

> Pero el dinero ingresado es muy frío, ¿no? ¿Y si se lo damos de forma original?

Es dinero, pavo, ¿de qué forma original quieres hacerlo? ¿Hago papiroflexia con los billetes? Calla, Abril y no des ideas...

> ¿Se lo ponemos en un cofre en monedas de euro y dentro de una piscina?

> Mejor, dentro de globos y que los pinchen.

El chat saca humo. Mucho fan de *Art Attack* veo por aquí.

> Tengo una amiga pakistaní y me dice que hay una tradición en su país que da buena fortuna coser billetes de cinco formando un collar para ponérselo a los novios.

Madre mía, ¿esto es una boda o un grupo de *scouts* preparando el aniversario de la asociación? Paso de meterme en jardines, así que acabo respondiendo:

> Genial a lo que diga la mayoría.

Todas mis fuerzas las concentraré en mi *look*. Repaso mentalmente los vestidos en mi armario, posibilidades de combinación con zapatos y microbolsos de mano —este es otro tema y de los gordos—, cuando el móvil vuelve a sonar. Otro chat. DESPEDIDA. Señor, llévame pronto. Eso sí que es el horror y no la playa de *Apocalypse Now*.

Como amigas que ya somos, os dejo aquí algunas preguntas clave para detectar una *red flag* y borrarse del sarao: «¿La vais a disfrazar? ¿Hay camiseta oficial? ¿Llevaremos miembros viriles en la cabeza?». Si la respuesta que os dan es SÍ, vuestra contestación tiene que ser rápida y directa: «¿Sabes contar? Pues no cuentes conmigo».

El tiempo pasa y, claro, llega el día de la boda. Te tiras de los pelos pensando por qué no dijiste que no en su momento. Da igual que tu tía Matilde te dijera que le hacía mucha ilusión que fueras a la boda de su hija. A mí me hace mucha ilusión no derretirme con los treinta y cinco grados a la sombra que caen en Guadalajara, lugar del convite. Pero ya ves, de ilusión tampoco se vive.

Me duelen los pies y aún no he salido del hotel, no hay tirita en el mundo que pueda con la mierda de sandalias de tiras doradas que —mal— elegí. Me he dejado el abanico en la habitación, el taxi no llega, el asfalto arde, vamos tarde —para variar— y, de repente, Andreu me hace la pregunta del millón:

—¿Con quién nos habrán sentado?

El *sitting,* o también llamado «cómo sentamos a tu familia para que no se pelee con la mía» es el arte de organizar las mesas del convite, lo más complicado de la boda. Ha habido guerras que han empezado por un mal *sitting.* No es fácil, lo sé. ¿Y sabéis por qué lo sé? Por experiencia propia.

Mi boda fue un sueño. Todo salió bien, lo disfrutamos mucho y el recuerdo es maravilloso. Pero os aviso, el mayor aprendizaje que saqué de la mía es que los preparativos de una boda pueden acabar con la misma boda. Cuidadín. Todo lo que tengas en la cabeza, todos tus Excels, tus listas, tus planificaciones, tus recortes de revista, tus ideas, todo no sirve de nada a menos que apliques lo que yo llamo el MULTIFAC-TOR DOS. Es decir, multiplicar todo por DOS. Si lo haces, quizás te aproximes remotamente a los cálculos reales de gente, dinero, esfuerzo y discusiones que originan en una pareja los preparativos de un enlace. Las bodas son como un puñetero kremlin, a la que te descuidas, no solo tienes un marrón, ¡tienes dos!

¡Que se besen! ¡Que se besen! Bueno, míralos ahora qué contentos están Javi y Marta. Al final ha merecido la pena. Sus miradas lo compensan todo. Espero que su amor sea duradero y que tengan paciencia. No para el matrimonio, sino para descoser los tres mil billetes que les hemos cosido. Al final no fue tan mala idea. *¡Quid pro quo!*

# 24
## LA VIDA ES UN FESTIVAL

Lo mejor de los festivales son sus carteles: doscientos cincuenta artistas en tan solo tres días. Bandas internacionales, un millón de personas vibrando al unísono… Está claro que los anunciantes de festivales no saben echar cuentas. Doscientos cincuenta artistas, en tan solo tres días, me sale a treinta segundos por artista. Sería pasar canciones más rápido que mi hija en el Spotify. Que la colega parece Rayo McQueen. Y es con razonamientos como este cuando una sabe que el cuerpo le pide tierra. Vamos, que ya me están de más los festivales. Con lo que yo he sido. A mí me flipaba ir: excusa perfecta para lucir modelito moni, horas de diversión gracias a la música en directo, bebidas infinitas —y colas también infinitas—, con baños prefabricados, con ese olor inconfundible a líquido azul de Poly Klyn. Ooohhh… Ahora solo veo incomodidad donde antes veía una oportunidad de sincronía con el mundo.

Estaremos todas de acuerdo en que los festivales suelen ser maravillosos si tienes veinte años. Con treinta los gozas menos y eso que te retiras sobre las tres de la mañana y ya te crees disruptiva de la hostia. Ni Madonna en los ochenta. Con cuarenta vas solamente a uno al año a quemarlo todo con las amigas y aguantas como mucho uno de los dos días. El segundo día te bebes cuatro cervezas y te tienes que retirar al hotel a dormir la mona, antes de los primeros teloneros. No me drenan los riñones a tiempo real a estas alturas. Y, con cincuenta... Ay, amigas, con cincuenta pasa una cosa tremenda: YA NO VAS A FESTIVALES. No solo no vas, es que lo mejor de todo es que te suda el papo lo más grande no ir. Tan pancha que te quedas en tu sofá. Tú ahora eres más de esas que tienen cenita de amigas en la tranquilidad de una terracita, copita de vino —unos mojitos si os veis animadas esa tarde—, charlita de la buena y cuando asoman los primeros bostezos, todas para casa. Y eso que habíais quedado a cenar a las ocho de la tarde. Es un plan fantástico.

Como fantástico también es meterte en la cama y despertarte para hacer un pis a las cuatro de la mañana —sí, queridas, ved el capítulo de la maternidad, mi vieja y cansada amiga la vejiga— y escuchar una nota de voz de tu colega Julia. Tener su amistad te recuerda que aún molas, la conociste en un musical hace unos cinco años, tenía recién cumplidos los veinte y fuiste una especie de «hermana mayor». Mantienes la amistad con esta amazona de veintipocos, espíritu libre, con brillibrilli y energía a raudales, porque te recuerda que el edadismo es una mierda y que puedes tener amigas de la edad que sea. Pues bien, estábamos con la nota de voz de Julia a las 4 a. m. Le das con cuidado al *play,* se activa el altavoz, Andreu se despierta y corriendo te vas al baño para que no se enfade. Sigues escuchando la nota y de fondo suena La casa azul a todo trapo en directo.

—¡Sílvia, Sílvia, Sílvia! Vente, tía, ¡tendrías que estar aquí!

Ay, qué mona... Poco se imagina ella que estoy con el pijama de felpa, sentada en la taza del váter oyendo su mensaje, mientras pienso que ni por todo el dinero del mundo mundial ahora mismo me vestiría e iría a un festival. ¡Ni por Jorge Drexler! Y eso, en mi caso, es mucho decir. Así que viva la lista de prioridades que se te ordenan solas al cumplir los cincuenta.

Con la edad sabes que prepararse para un festival es más duro que un circuito de *crossfit* y más sacrificado que buscar un modelito para los Goya o los Feroz, o para ambos dos juntos. ¡Menudo estrés!

Los jóvenes de ahora están dos semanas para prepararse el lookazo, ¿eh? Que si *shorts,* que si vestido boho chic, o si no, camiseta que parezca vieja pero no lo es, y, sobre todo, bikini debajo siempre —no se acepta sujetador—. Y ya, por último, comprarse los brillantitos para pegártelos en la cara. Es un auténtico dolor de cabeza estar siempre a la moda en un festi.

Yo que pido para Reyes un bolso con buena capacidad —nivel Mary Poppins, para que os hagáis a la idea—, pues venga, vas de festi y manda ovarios que tienes que llevar RIÑONERA. ¿Pero quién soy yo? ¿La tía de los autos de choque? Pero eso no es lo peor. Ahora la nueva tendencia ¡es llevar GORRA! Pero, bueno, ¡a ver si para ir de festival tienes que parecer un yonqui de los noventa! ¿En qué momento los festivales han pasado de ser un sitio de despiporre, jolgorio y olor a birra a ser una pasarela de moda en el que los cubatas valen doce euros y en los que hay más materia sintética que en una fábrica de ropa?

Y ya sé que me pongo con el modo gruñona *on,* pero ¿y qué me decís de las colas para ir al baño? En el último festival de pulserita al que fui me pasé una hora y diez minutos haciendo cola para lo que yo pensaba era la entrada del concierto de Massive Attack. Pues no, era la cola para un recinto de seis váteres en fila. Por supuesto, ninguno de ellos con papel y obviamente ninguno con agua ni jabón para desinfectarse de vete a saber qué fluidos hay en uno de esos W. C. portátiles. Eso sí, hay mucha camaradería. En la cola se comentaba cuál es la mejor postura para hacer pis sin ver tu camiseta de flecos bañada en el líquido azul de la letrina. Se ve que ahora la última moda es poner los dos pies sobre la taza para ponerse en cuclillas y hacer pis quedando al margen de cualquier salpicadura. Pero a ver, ¿tengo yo cara de acróbata del Circo del Sol? Si a veces subirme las bragas ya es casi deporte de riesgo, ¿cómo quieres que me suba a la taza de un lavabo que es más pequeño que mi taza del té y salga victoriosa? Como se nota que los macrofestivales están pensados para pieles tersas y órganos a los que acabas de sacar el precinto.

Me encanta el concepto de música en directo, de los mejores artistas, concentrados en un solo día, pero no soporto las aglomeraciones. Sé que es un contrasentido, pero que levante la mano el que no practique este deporte de la contradicción a menudo. Las veces que me animo y voy, adoro pasar desapercibida y fundirme con la masa, pero a la que me reconocen, se acabó la *party* para la nena. Entre otras cosas por la combinación de fotos sumada a alcohol en mi cuerpo serrano, más sudor a raudales. Premio Press Photo no sería...

Porque —no nos engañemos— es lo que tienen estos encuentros festivaleros, que acabas hasta las narices de que no te dejen escuchar ni una canción entera sin que aparezca alguien con una sonrisilla pidiéndote fotos. Ya sé que os hace ilu, pero soy humana y quiero gozar sin interrupciones.

No hace mucho descubrí una técnica infalible. Una protección excelente y un auténtico repelente de fotos de fanes. Era veranito y me fui de festival con una amiga que hacía poco que había sido madre. Ella llevaba a la peque en el cochecito, con cascos monísimos que hacen que los bebés parezcan miniobreros de la construcción cuquísimos. Pues bien, yo solo hacía que coger a Greta para tener la excusa y decir que no a las fotos. De hecho, ellos —los de las fotos— llegaban a la conclusión sin que yo dijera nada: «No te la pido porque como estás con la bebé» y yo «claro, claro»... Total, el cochecito estuvo vacío toda la noche y yo hice más bíceps que Thor. ¡Eso sí, disfruté como una loca de Rigoberta Bandini!

Lo disfruté, pero admito que cuando voy de festival lo doy absolutamente todo, sin embargo, necesito una semana en casa para recuperarme. Y no será por el exceso de cerveza, porque os lo confieso: odio la cerveza. Lo he intentado, pero no me gusta. Para hacerme la «guay» me pongo Fanta de limón y un dedito de cerveza, como diciendo: «Ey, soy una de los vuestros». Qué mierda eso de querer encajar, ¿eh? Es como una colega, que toma cerveza, pero sin alcohol, y cada vez que la pide la miran como si tuviera un problema.

—¿Estás segura?

Pero, bueno, que es cerveza sin alcohol, no cianuro, colega. Dejad vivir.

Otra cosa que yo personalmente solucionaría si organizara uno de estos encuentros multitudinarios sería el tema de las distancias. A ver, pavos: que he venido a escuchar música, no a hacer una puta maratón. Hay como trescientos kilómetros entre la barra y el escenario y trescientos más hasta los baños. El año que viene ¡me llevo el patinete de Joana! Queda todo tan lejos que en realidad te pasas el puto festival paseando, que ahora entiendo lo de los *outfits,* SÍ QUE ES UNA PASARELA. Y muy larga, por cierto. Que si ahora hemos quedado con fulanito en el escenari «pichiflú», que luego nos toca ir a buscar a la entrada a sotanito, que intentará colarse con la entrada de menganito. No os hagáis las sorprendidas, todas sabemos que existe el tráfico de pulseras. El triunfador de la noche será aquel que consiga que la organización le ponga la pulsera lo más holgada posible para así escurrir su muñeca y dejársela a un colega para entrar al día siguiente. ¡Toma! Cien eurazos ahorrados. Vale, está mal. Pero en épocas de «sequía» económica la picaresca ayuda.

Vamos a ver, amigas: si eres fan de los festivales te puedes dejar bien bien lo que cuesta un viaje a Japón ida y vuelta. Al menos en Barcelona y alrededores han proliferado más que las palomas en la plaza Catalunya —que antes tenía su aquel, pero ahora son ratas del aire y te mueres del asco si una te vuela cerca—.

Si eres una pro del tema festis, puedes empalmar de uno al otro eternamente hasta 2047. Como aquello de la ardilla que saltaba en árbol a árbol, pues tú de escenario en escenario. O de Rosalía en Rosalía. O de DJ en DJ. Pero ahí sí que no me hagáis decir nombres porque es imposible. Los confundo todos. Sin excepción.

Me declaro inculta del tema *disc jockey*. Solo con pronunciar la palabra *disc jockey* ya lo habíais adivinado, ¿no? Cosas de la edad… De hecho, por culpa de la edad, últimamente soy más de microfestivales, o incluso —mira qué os digo— de conciertos con butaca asignada. Soy una señora, qué queréis que os diga. Que con tanto auge de los festis parece que nos hemos olvidado de las pequeñas salas, que toda la vida han estado ahí, dando apoyo a los artistas.

¿Quién no ha tenido una sala de referencia para conciertos? En Barcelona, que si la Bikini, la Luz de Gas, la Zeleste o el Clap de Mataró. Ventajas tiene. Mira, mantienes un circuito activo y vivito y coleando, no tienes que sufrir por si verás al artista ni que hacer colas kilométricas para ir a los baños que, además, son baños de verdad. No ese simulacro que no sabes si estás en un Boing 747 o qué.

Por no hablar de los teatros como salas de concierto. Bueno, bueno, bueno… Doy mi alma por tener mis nalgas bien recostadas en una buena localidad. Se me hace la boca agua pensar en un concierto con buena acústica, con su aire acondicionado, con su olor a ambientador industrial, y lo mejor, tener asiento asignado, amigas. Ah, y por no hablar del posconcierto. Qué bien sienta salir de la sala y poder volver a tu casa en taxi en menos de diez minutos. Nada comparado a *Los juegos del hambre* que supone pillar cualquier tipo de transporte en uno de los recintos de los festivales actuales.

Es más difícil encontrar un taxi a la salida que depilarte las cejas sin las gafas de cerca. Algunas sabemos de lo que hablamos.

En fin, que la música es vida. Larga vida a la música. Pero visto lo visto, no me metáis en un baño de multitudes, Poly Klines y cerveza ¡que no respondo! Avisadas estáis.

www.ingramcontent.com/pod-product-compliance
Lightning Source LLC
Chambersburg PA
CBHW031720030525
25992CB00003B/18